마음은 어떻게
세계를 만드는가

마음은 어떻게 세계를 만드는가

1판 1쇄 발행 2021. 3. 10.
1판 2쇄 발행 2021. 8. 2.

지은이 한자경

발행인 고세규
편집 태호 디자인 조은아 마케팅 이헌영 홍보 반재서
발행처 김영사
등록 1979년 5월 17일(제406-2003-036호)
주소 경기도 파주시 문발로 197(문발동) 우편번호 10881
전화 마케팅부 031)955-3100, 편집부 031)955-3200 | 팩스 031)955-3111

값은 뒤표지에 있습니다.
ISBN 978-89-349-9088-8 03120

홈페이지 www.gimmyoung.com 블로그 blog.naver.com/gybook
인스타그램 instagram.com/gimmyoung 이메일 bestbook@gimmyoung.com

좋은 독자가 좋은 책을 만듭니다.
김영사는 독자 여러분의 의견에 항상 귀 기울이고 있습니다.

한자경의 일체유심조 강의

마음은 어떻게 세계를 만드는가

김영사

차례

4강

일체유심조의 마음

5강

공적영지의 마음

왜 다시 마음을 이야기하는가

어느 날 문득 깨어나는 자의식. 그러면서 우리는 묻게 된다. '나는 누구인가?' '세계란 무엇인가?' 그러나 물음을 던진다고 답이 쉽게 보이는 것은 아니다. 찾고자 하지만 찾아지지 않아 마음이 텅 빌 때 그때 비로소 우리는 공空의 의미를 이해하기 시작한다. 그리고 우리가 경험하는 모든 것이 실은 눈에 보이지 않는 심연 속에 하나로 어우러져 있다가 인연 따라 일어나는 연기緣起의 산물임을 직감하게 된다. 있는 그대로의 존재의 실상을 깨닫기 위해 우리는 수행修行을 하고, 그 결과 우리가 발견하게 되는 것이 바로 우리 안의 보물, 우리의 본래마음이다. 이 마음이 곧 모든 것을 만드는 일체유심조一切唯心造의 마음이며, 자신의 빛으로 세계를 밝히는 공적영지空寂靈知의 마음이다.

공에서부터 공적영지까지, 나는 왜 굳이 비어 있음과 고요함을 간직한 마음, 그러면서도 무한한 깊이에서 일체를 품에 안은 채 신령하게 깨어 있는 마음을 말하고 싶어 하는 것일까? 오늘날 우리가 살아가는 이 세계가 온갖 분별과 분열, 경쟁과 투쟁으로 너무 숨 가쁜 세상이기 때문일까? 욕망의 함성으로 가득 차고 분노의 절규로 시끄러운 세계, 그 세계 너머를 그리워하기 때문일까? 그러나 모든 것은 마음이 만든 것이다. 분별과 분열 너머 통합과 융합으로 나아가는 것, 경쟁과 투쟁 너머 상생과 공존으로 나아가는 것이 모두 마음 한자리의 변화로 가능하다는 것을 알기에, 언제나 마음의 본래자리를 찾아 그 길을 달려가는 듯싶다.

그곳은 우리가 장차 도달해야 할 자리가 아니고, 우리가 언제나 이미 거기에 서 있는 자리이다. 우리가 현상적으로는 서로 다른 위치, 서로 다른 지위를 점하고 있어도 근본에서는 모두가 서로 다르지 않은 하나이고 서로 평등한 존재라는 것을 직감할 때, 그 시선은 바로 공의 자리, 마음의 본래자리에서 나온 것이다. 이러한 시선이 바로 우리 각자 안의 심층마음의 빛, 청정한 마음의 빛이다. 불성佛性과 여래장如來藏, 본각本覺과 영지靈知는 단순한 추상적 개념이나 철학적 가설이 아니고 인간 누구나의 마음 깊은 곳에서부터 발하는, 세상을 밝히는 빛, 현재적 마음활동인 것이다. 이 심층마음의 현재적 활동을 통해 현상의 모든 것이 인연을 따라 생성된다. 그렇게 심층마음은 모든 것을 만드는 마음, 일체유심조의 마음이다.

마음에 대해 또는 불교에 대해 나는 여러 가지 방식으로 책을 써왔다. 나는 '불교의 무아론'이 곧 '일심의 철학'이고, 불교의 핵심은 바로 '유식무경唯識無境'이고 '공적영지'라고 생각한다. 40년 넘게 계속 마음에 대해 글을 써놓고 이제 또다시 한 권을 더하려고 하는 이유는 무엇일까?

사실은 처음부터 이 책을 쓰려고 계획했던 것은 아니다. 2020년 봄 불교방송 BBS에서 〈불교를 다시 묻다〉라는 기획 주제 아래 불교를 쉽게 설명하는 강연을 해달라고 부탁받았다. 불교는 공부하면 할수록 더 어렵게 다가온다. 공부할 문헌은 방대하고, 생각할 깊이는 끝이 없다. 믿음(신)은 기본이고 이해(해)를 넘어 수행(행)과 깨달음(증)까지 더해져야 신해행증信解行證으로 불교가 완성되니, 밝혀져야 할 것들은 첩첩산중으로 쌓여 있는 느낌이다. 그런 불교를 쉽게 설명한다? 거의 불가능하다고 여겨지기도 한다. 그럼에도 불교 공부의 최종 목표는 분명 보시, 나눔일 것이다. 들어온 숨을 다시 내쉬듯, 나는 내가 알게 된 모든 것을 다시 꺼내놓고 싶다. 내가 이해했다면 남들도 그렇게 이해할 수 있게끔 글을 쓰는 것을 늘 추구해왔다.

나는 불교의 핵심내용은 단지 개념적으로 짜맞춰진 이론체계, 희론戱論이 아니라 인생과 우주의 실상에 대한 석가와 수행자들의 통찰과 깨달음의 내용이며, 그 통찰과 깨달음은 모든 인간의 마음속에서 무한히 반복되면서 되풀이될 수 있어야 한다고 생각한다. 경전과 논전을 통해 내가 이해한 것이 바른 이해라면, 그 이해는 다른 사람에게도 그대로 전달될 수 있어야 할 것이다. 그러므로 아는 것은 누구나 알아들을 수 있게, 아주 쉽게 말할 수 있어야 한다. 상대가 알아듣지 못한다면 그것은 듣는 자의 문제라기보다는 말하는 자의 문제일 것이다. 그래서 항상 쉽고 간단하고 분명하게 불교의 진리를 설명해보고자 노력해왔다. 물론 늘 성공적이지 못했다. 그러기에 다시 한번 더 이렇게 시도해보는 것이다.

쉽게 설명한다고 불교의 핵심을 건너뛰고 싶지는 않았다. 오히려 가장 어렵고 가장 심오한 내용까지 하나도 빠뜨리지 않고 들춰내어 설명해보고 싶었다. 그래서 공과 연기 그리고 수행에 대해서도 사유를 끝까지 밀고 나가고자 애썼고, 난해한 유식의 통찰과 신묘한 심층마음의 작용에 대해서도 그것이 구체적으로 무엇인지를 확연하게 드러내 보이고자 노력하였다.

그런 마음가짐으로 다섯 번의 강연을 했고, 그 내용을 다듬어 한 권의 책으로 엮어내보았다. 불교의 가장 어려운 핵심내용을 가장 쉬운 말로 설명해보고자 한 나의 노력이 과연 성공한 것일까? 답은 이 책을 손에 든 독자의 마음속에 있을 것이다.

불교에서 공空은 우리의 일상의식과 상식에 적용되는 일체 분별의 논리와 규칙이 모두 정지되는 지점입니다. 우주적 차원에서 말하면, 물리법칙에 따라 도달되되 그 지점에서는 물리법칙이 더 이상 통용되지 않는 특이점인 블랙홀에 해당한다고 볼 수 있지요. 공이 단지 무無가 아니라 일체 현상을 낳는 진공묘유眞空妙有라는 것은 웜홀을 따라 블랙홀과 연결된 화이트홀을 연상시킵니다. 일체중생이 모두 대우주를 품은 소우주라면, 중생의 발 디딜 바닥 없는 심연의 마음이 곧 공의 마음으로 블랙홀에 해당할 것입니다. 그 중생의 마음이 다시 일체유심조一切唯心造(모든 것은 오직 마음이 만든다)의 마음이 되는 것은 블랙홀의 이면이 곧 화이트홀인 것과 같지요.

1강

공의 세계

空

일상의 논리와 분별 너머

우리는 아침에 깨어나 밤에 잠들기까지 늘 이런저런 생각을 하면서 살아갑니다. 아침에 일어나서 '밥을 먹을까, 빵을 먹을까?'라는 생각을 하기도 하고, 집을 나서면서 '이 옷을 입을까, 저 옷을 입을까?'라는 생각을 하기도 하지요. 또는 지금처럼 '불교란 무엇인가?'라는 좀 더 진지하고 복잡한 생각을 하기도 합니다. 그런데 어떤 생각을 하든 우리의 머릿속에는 생각이 따라야 할 규칙, 사유규칙이란 것이 있습니다. 그 최소한의 기본적 사유규칙을 논리학은 세 가지로 정리하지요.

사유의 3대 기본원칙

① 동일률: a는 a이다.

② 모순율: a이면서 동시에 ~a일 수 없다.

③ 배중률: a이거나 ~a이거나 둘 중 하나이다.

① 동일률은 '어떤 것은 자기 자신과 동일하다'는 것입니다. 간단히 'a는 a이다'로 표현됩니다. '나는 나다' '밥은 밥이고, 빵은 빵이다' 등의 생각은 동일률을 따른 것이지요. ② 모순율은 '어떤 것은 그것이면서 동시에 그것 아닌 것일 수 없다'는 것입니다. 'a이면서 동시에 ~a일 수 없다'로 표현됩니다. '인 것'(a)과 '아닌 것'(~a)은 서로 모순이며, 그런 모순은 동시에 성립할 수는 없다는 것입니다. 예를 들어, 어떤 것이 밥이면서 동시에 밥이 아닐 수는 없다는 말이지요. ③ 배중률은 '어떤 것은 그것이거나 그것 아니거나 둘 중 하나이다'라는 것입니다. 'a거나 ~a거나 둘 중 하나이다'로 표현됩니다. a와 ~a, '이다'와 '아니다'는 서로 모순입니다. 모순이면 둘 중 하나이지 그 중간이 없는 것이니, '인 것'도 아니고 '아닌 것'도 아닌 그런 중간은 없다는 것이지요. 그러니까 중간을 배제한다는 의미에서 '배중률'이라고 하는 것입니다. 예를 들어, 어떤 것은 밥이거나 밥이 아니거나 둘 중 하나이지, 밥도 아니고 밥이 아닌 것도 아닌 것은 있을 수 없다는 말이지요.

이 세 가지 규칙은 우리의 사유가 따라야 하는 기본적 사유규칙 내지 논리법칙입니다. 그렇다고 그것이 단지 우리의 사유에 대해서만 타당한 것일까요? 그렇지 않습니다. 우리는 이런 사유규칙이 우리의 사유세계에 대해서만 타당한 것이 아니라, 우리가 살고 있는 이 세계 자체가 바로 그런 사유규칙과 같은 방식으로 존재한다고 생각합니다. 즉 이 세계의 실제 사물들이 '그것은 그것이고'(동일률) '그것 아닌 것이 아니며'(모순율) '그것이거나 그것 아니거나 둘 중 하나'(배중률)로 존재한다고 여기지요. 예를 들어, 내가 사람이면 나는 사람입니다. 내가 사람이면서 동시에 사람 아닌 것, 즉 돌이나 나무일 수는 없지요. 또 무언가 존재한다면 그것은 사람이거나 사람 아니거나 둘 중 하나이지, 사람도 아니고 사람 아닌 것도 아닐 수는 없습니다. 그렇게 밥과 빵, 사람과 나무, 이것과 저것은 서로 구분되고, 있는 것은 있고 없는 것은 없습니다. 이것이 우리가 일상적으로 경험하는 세계의 모습입니다. 그렇게 우리가 경험하는 세계는 우리의 사유규칙과 일치하는 세계입니다.

그런데 불교는 존재를 어떻게 기술하고 있나요? 이것을 놓고 '이것이기도 하고 이것이 아니기도 하다'라고 말하기도 합니다. 또 '있기도 하고 있지 않기도 하다'라고도 말하지요. 우리의 사유규칙에 따르면, '산은 산이고 물은 물이다'가 맞는데, 불교는 거기에다 다시 '산은 산이 아니고 물은 물이 아니다'라는 말까지 덧붙입니다. 그러니 불교는 우리의 일상적 사유규칙을 따르지 않는 것처럼 보입니다. 동일률과 모순율을 어기는 것이지요. 사찰의 법회에서 《반야심경般若心經》을 암송하는데, 그중 우리에게 가장 익숙한 구절이 바로 '색즉시공色卽是空'입니다. '색이 곧 공'이라는 것이지요. 상식적으로 생각하면, 형태가 있는 색(물질)이면 분명히 색일 뿐 형태가 없는 공이 아니어야 하는데, 불교는 '색이 곧 공이다'라고 말하는 것입니다. 또 형태가 없는 공이면 그저 공일 뿐 그것이 형태가 있는 색일 수는 없을 텐데, 불교는 '공이 곧 색이다'라는 '공즉시색空卽是色'을 말합니다. 불교는 왜 이처럼 우리의 논리법칙을 따르지 않는 것일까요? 왜 우리의 합리적 사유와 배치되는 듯한 이야기를 하는 것일까요?

불교는 공空에 대해 유有와 무無를 넘어선 것, 즉 유도 아니고 무(유 아닌 것)도 아닌 것이라고 말합니다. '인 것'과 '아닌 것' 둘 중 하나여야 한다는 배중률을 어기는 것이지요. 어떤 것은 있거나 없거나 둘 중 하나여야 할 텐데, 불교는 '있는 것'도 아니고 '없는 것'도 아니라고 말합니다. 그럼 '있기도 하고 없기도 한 것'이냐 하면, 그것도 아니라고 하지요. 그럼 다시 '있는 것도 아니고 없는 것도 아닌 것'이냐 하면, 또 그것도 아니라고 말합니다. 이런 식으로 불교는 '유'도 아니고, '무'도 아니고, '유이면서 무인 것'도 아니고, '유도 아니고 무도 아닌 것'도 아니라고 말합니다. 이것이 불교가 말하는 사구부정四句否定이지요. 있는 것과 없는 것에 대해 우리가 생각할 수 있는 가능한 경우의 수, 네 가지를 모두 부정하는 것입니다.

불교의 사구부정

① 유도 아니고	a도 아니고
② 무도 아니고	~a도 아니고
③ '유+무'도 아니고	'a + ~a'도 아니고
④ '~유+~무'도 아니다	'~a + ~~a'도 아니다

불교는 왜 우리 이성의 사유규칙, 논리법칙을 따라 생각하지 않는 것일까요? 왜 동일률이 말해주는 사물의 자기동일성 내지 자기정체성을 부정하면서, 이것과 저것의 경계, '인 것'과 '아닌 것'의 경계를 흔들어놓는 것일까요? 왜 논리법칙을 벗어나는 사유의 애매모호함을 보이는 것일까요? 우리가 경험하는 세계는 우리 이성의 사유규칙에 따라 개념적으로 명확하게 분별되는 세계, 그리고 그 안에서 모든 것이 각각 자기정체성을 갖는 각각의 것으로서 확실하게 구분되고 구획된 세계입니다. 그런데 불교는 왜 그러한 세계의 질서를 따르지 않고, 그러한 일체의 분별과 구획을 허물어버리려는 것일까

요? 우리는 이성의 사유규칙을 따라 이것과 저것을 명확하게 구분하고 분별하는데, 불교는 왜 일체의 분별을 허망하다고 부정하면서 우리에게 사량분별思量分別(생각으로 헤아려 분별함) 하지 말라고 하는 것일까요? 우리의 기본적인 사유질서를 왜 따르려 하지 않는 것일까요?

우리의 사유규칙에 따른 분별과 구획 너머에 우리가 아직 알지 못하는 무엇인가가 있는 것일까요? 분별 너머에 있는 그 무언가를 보았기에 불교가 그것을 우리에게 말해주려고 하는 것일까요? 그렇다면 그것은 과연 무엇일까요?

왜 같은 것을 보면서 다른 것을 볼까

인식된 대상과 대상 자체

우리의 일상적 분별 너머에 과연 무엇이 있을까요? 이 문제를 생각해보기 위해 다음의 그림을 한번 봅시다. 이것은 형태심리학(게슈탈트심리학)[1]에 흔히 등장하는 〈토끼와 오리〉입니다.

〈토끼와 오리〉

이 그림에서 여러분은 무엇을 봅니까? 누군가는 긴 귀를 가진 토끼를 보고, 또 누군가는 길쭉한 부리를 가진 오리를 보겠지요. 집에서 토끼를 키워 토끼와 친숙한 사람은 아마도 토끼를 보고, 오리를 길러 오리와 친숙한 사람은 아마도 오리를 볼 것입니다.

그렇게 누구는 토끼를 보고 누구는 오리를 본다면, 그럼 그 두 사람은 과연 다른 것을 본 것일까요, 아니면 같은 것을 본 것일까요? 누구는 토끼를 보고 누구는 오리를 본다고 말하면, 토끼와 오리가 서로 다른 것이니까 두 사람은 다른 것을 봤다고 말할 수 있겠지요. 그러나 같은 그림을 보면서 누구는 그것을 토끼로 보고 누구는 그것을 오리로 본 것이니, 또 같은 것을 봤다고도 말할 수 있을 것입니다. 그렇다면 어떻게 '같은 것을 본다'와 '다른 것을 본다'가 함께 성립할 수 있는 것일까요?

'같은 것을 본다'와 '다른 것을 본다'가 함께 성립할 수 있는 것은 두 경우 '보다'의 의미 또는 '본 것'의 의미가 서로 다르

1 형태심리학(게슈탈트심리학)은 20세기 초 독일에서 등장한 학파로서, 인간의 경험이나 정신 현상을 분리 가능한 부분들의 조합이 아니라 서로 결합하여 전체성을 지닌 통합된 구조(게슈탈트)로 파악하여 접근한다. 한마디로 전체는 부분의 합 이상이라는 것을 주장한 학파이다.

기 때문입니다. '본다'는 것은 무엇일까요? 우리는 단순하게 '무엇을 본다'라고 말하지만, 엄밀히 말하자면 본다는 것은 '무엇(x)을 무엇(y)으로 보다'입니다. 그림(x)을 놓고 누구는 그것을 토끼(y1)로 보고, 누구는 그것을 오리(y2)로 본 것이지요. 그러니까 '그림(x)을 본다'고도 말할 수 있고, '토끼(y1)를 본다' 또는 '오리(y2)를 본다'고도 말할 수 있는 것입니다. 따라서 두 사람이 'x를 본다'는 의미에서는 '서로 같은 것을 본다'고 말할 수 있고, 또 두 사람이 각각 다른 'y를 본다'는 의미에서는 '서로 다른 것을 본다'고 말할 수 있는 것입니다.

보다 = 무엇(x)을 무엇(y)으로 보다

다른 것(y)을 봄: 토끼를 봄 ↖ ↗ 오리를 봄

같은 것(x)을 봄: x를 봄

그렇다면 x와 y는 어떻게 구분되는 것일까요? 일단 x는 눈앞에 주어진 것이므로 감각대상이라고 할 수 있습니다. 반면 y는 그 상황에서 나의 의식이 실제로 알아차린 것, 내가 본다고 의식하는 것이므로 의식대상 내지 인식대상이라고 할 수 있지요. 이렇게 규정하면 앞의 두 사람이 같게 본 것(x)은 감각대상이고, 서로 다르게 본 것(y)은 의식대상 내지 인식대상이라고 구분해볼 수 있습니다.

의식이 본 것(y):	토끼		오리	– 의식대상은 다름
	↖		↗	
감각이 본 것(x):		x		– 감각대상은 같음

이처럼 단순한 그림 하나를 보는 데에도 보는 층위는 단순하지 않습니다. 즉 같은 것을 보는 층위와 다른 것을 보는 층위가 서로 다른 것이지요. 그런데도 그 둘 다를 똑같이 '본 것'이라고 말하기 때문에, 그 보는 층위의 다름이 잘 드러나지 않는 것입니다.

눈앞에 주어진 감각대상(x)과 우리가 최종적으로 인식하는 의식대상(y)의 차이를 유식불교唯識佛教의 용어를 가져와서 좀 더 명확하게 개념화해보기로 하지요. 유식은 4~5세기경 인도에서 확립된 일종의 대승불교사상입니다. 유식에서는 인식을 '헤아림'이라는 의미에서 량量이라고 합니다. 측량, 계량, 수량 등에서의 량이지요. 그리고 인식하는 자는 '능히 인식하는 자'라는 의미에서 능량能量이라고 하고, 인식되는 대상은 피동을 나타내는 소所자를 써서 소량所量이라고 합니다. 능동과 피동을 능과 소로 구분한 것이지요. 그리고 인식 과정

을 거쳐서 얻어진 결과를 '인식의 결과'라는 의미에서 량과量果라고 합니다.[2]

봄과 마찬가지로 인식은 'x를 y로 아는 것'입니다. x는 인식이 지향하는 대상, 눈앞에 주어진 대상이고, y는 그 인식 과정을 거쳐서 결과적으로 알려진 대상, 인식된 대상이지요. '눈앞의 대상'(x)인 감각대상을 '인식하고자 하는 대상'이란 의미에서 '소량'이라고 부르고, '인식된 대상'(y)인 의식대상 내지 인식대상을 '인식된 결과로서의 대상'이라는 의미에서 '량과'라고 부르기로 합시다.

이와 같이 소량과 량과를 규정하면, 이 소량과 량과의 구분은 인식대상을 지칭하는 유식의 또 다른 개념인 '소연所緣'에서의 구분, 즉 소소연疏所緣과 친소연親所緣의 구분과도 일치합니다. 소소연은 '인식의 먼(소) 대상(소연)'으로서 우리가 인식하고자 하는 대상(x)인 소량에 해당하고, 친소연은 '인식의 가까운(친) 대상(소연)'으로서 인식 과정을 거쳐 인식된 결과(y)인 량과에 해당하지요. 우리의 인식 과정은 다음과 같은 개념으로 정리할 수 있습니다.

2 유식은 본래 소량-능량-량과를 식의 4분설(상분相分-견분見分-자증분自證分-증자증분證自證分)과 연관하여 논한다. 상분은 인식주관에 드러난 대상, 견분은 상분을 인식하는 주관, 자증분은 견분에 대한 자각, 증자증분은 자증분에 대한 자각을 말한다. 그러나 여기에서는 4분설과 상관없이 단순히 단어의 문자적 의미만을 취해 '소량'과 '량과'의 개념을 차용한다.

의식이	무엇(x)을	무엇(y)으로	알다
능량	소량	량과	량
능연	소소연	친소연	연

우리에게 인식이란 모름에서 앎으로 이행해가는 활동입니다. 즉 인식은 인식하고자 하는 대상(x)을 어떤 것(y)으로 아는 것이지요. 그런데 일단 인식이 이루어지고 나면, 알고자 했던 것(x)은 뒤로 물러나고 우리의 의식에는 오직 우리에게 결과적으로 알려진 것(y)만이 대상으로 드러납니다. 인식 과정 자체가 소량(x) 위에 량과(y)가 덧씌워져서, 결국 안의 것(x)은 가려지고 바깥 것(y)만 드러나는 은폐 과정이기도 합니다. 이것은 마치 몸에 옷을 걸치면 몸은 가려지고 옷만 드러나는 것과 같습니다. 또 얼굴에 가면을 쓰면 얼굴은 가려지고 가면만 보이는 것과 같지요. 그래서 우리는 쉽게 소량(x)을 잊고 량과(y) 그 자체가 객관적 실재인 듯 여기게 됩니다.

의식이	무엇(x)을	무엇(y)으로	알다
능량	소량	량과	량
	몸	옷	
	얼굴	가면	

앞의 그림에서 토끼를 본 사람은 거기에는 토끼만 있고 그 외에 다른 어떤 것도 없다고 여길 것입니다. 그가 거기에서 토끼만 보기 때문이지요. 그리고 오리를 본 사람은 거기에는 오직 오리가 있을 뿐이라고 말할 것입니다. 그가 거기에서 오리만 보기 때문에 그렇게 말하는 것은 당연합니다. 이와 같이 인식이 이루어지고 나면, 인식을 야기했던 소량(x)은 오히려 의식에서 멀어지고 가려져서 마치 없는 것처럼 묻혀버리고, 인식된 량과(y)만 거기에 있는 것으로 드러나게 됩니다.

두 사람이 같은 것(x)을 보는데도 서로 다른 인식 결과(y)를 얻게 되는 까닭은 무엇일까요? 인식 결과인 량과의 차이는 어디에서 오는 것일까요? 가장 두드러진 원인은 서로 다른 의도일 것입니다. 사람들은 대개 보고자 하는 대로 보는 경향이 있지요. 헤어진 애인이 너무 보고 싶으면 지나가는 사람이 애인처럼 보일 수도 있고, 배가 너무 고프면 탁자 위에 놓여 있는 돌멩이가 맛있는 빵처럼 보일 수도 있습니다.

또 다른 원인은 인식자가 갖고 있는 인식체계 내지 개념틀의 차이일 것입니다. 우리의 두뇌에는 다양한 경로를 통해 주어진 감각자료들을 한데 모아 종합·정리하고 해석하여 특정한 의미로 읽어내는 정보처리시스템인 두뇌신경망이 갖추어져 있지요. 그 신경망 중에서 토끼 방면이 더 강화되어 있으면 같은 것을 보아도 그것을 토끼로 보고, 오리 방면이 더 강화되어 있으면 그것을 오리로 보겠지요. 교육 등을 통해 특정 외국어에 대한 언어인지체계가 갖추어지면 누군가 내는 소리가 의미 있는 말로 들리는 반면, 그런 인지체계가 없으면 그냥 소리 내지 잡음으로 들리는 것과 같은 이치입니다. 나에게 그리스인이 하는 말은 새의 지저귐과 다를 바 없는 그냥 소리일 뿐이고, 새에게는 사람의 말이 개의 짖음과 다를 바 없는 그저 잡음일 것입니다. 이처럼 모든 개념적 차이는 그 개념을 공유한 자에게만 의미를 가진다고 볼 수 있습니다.

같은 것(x)을 다른 것(y)으로 보는 이유

① 의도의 차이

② 인식체계 내지 개념틀의 차이

인지체계 내지 정보처리시스템의 차이에 따라, 인식된 결과인 량과가 서로 다르다는 것을 단적으로 보여주는 것이 유식에서 제시하는 '일수사견一水四見'의 예입니다. 같은 물을 놓고 인간은 그것을 마시는 것으로 보고, 물고기는 그것을 거주공간으로 봅니다. 천사는 그것을 반짝거리는 보석으로 보고,

아귀는 그것을 끈적거리는 피고름 같은 것으로 보지요. 그렇게 인지체계가 서로 다르면, 같은 것(x)을 봐도 그 결과(y)는 서로 다르다는 것이지요. 그렇다면 그렇게 서로 다르게 보기 전, 같은 것(x)은 과연 무엇일까요?

대상 자체는 무엇인가

'누가 보는가' '어떻게 보이는가'와 상관없이 있는 그대로의 대상 자체(x)는 과연 무엇일까요? 각자의 개념틀을 따라 우리가 서로 다른 량과(y)를 보는 것이라면, 그렇게 다르게 보기 이전 우리 앞에 동일하게 놓여 있는 소량(x)은 과연 무엇일까요? 개념틀에 따라 인식된 량과(y) 너머 그렇게 인식되기 이전의 대상 자체인 소량(x)은 과연 무엇일까요?

이것은 개념체계를 모두 걷어내고 나서, 우리가 본래 본 것(x)은 과연 무엇인가를 묻는 물음입니다. 몸을 가리는 옷을 모두 걷어내면, 얼굴을 가리는 가면을 모두 걷어내면, 그 자리에 과연 무엇이 드러날까요? 이와 동일한 물음이 서양에서는 18세기 말 독일 철학자 칸트I. Kant에 의해 제기되었습니다. 칸트는 우리가 인식하는 세계는 우리 자신의 인식형식인 시공간과 범주에 의해 규정된 현상이라고 논하였습니다. 그러면서 다음 물음을 던지지요. '현상으로 규정되기 이전 물자체Ding an sich[3]는 과연 무엇인가?' 의식이 개념체계에 따라 다른 것(y)을 인식해도 감각은 그 바탕의 같은 것(x)을 보는 것이라면, 그렇게 누구나 보는 같은 것인 대상 자체(x)는 과연 어떤 것일까요? 토끼로도 오리로도 보일 수 있는 그 어떤 것(x)은 과연 무엇일까요?

이제 다른 그림을 갖고 그 물음에 대해 생각해봅시다. 이것도 형태심리학에 흔히 등장하는 그림 〈루빈의 꽃병〉입니다.

〈루빈의 꽃병〉

3 칸트 철학의 중심개념으로, 인간에 의해 인식되는 현상으로서의 물物이 아니라, 인식되는 현상 배후에 있되 그 자체는 인식되지 않는 물 그 자체를 의미한다. 이 물자체를 어떤 의미로 이해할 것인지가 칸트 철학 이해의 관건이 된다고 할 수 있다.

이 그림에서 여러분은 무엇을 봅니까? 가운데의 검은 물체를 보는 사람은 하나의 꽃병을 볼 것이고, 양옆의 흰 물체를 보는 사람은 마주 바라보는 두 사람의 얼굴을 볼 것입니다. 아마도 집에 꽃을 두고 싶어 꽃병을 생각하는 사람은 꽃병을 볼 것이고, 애인을 보고 싶어 하는 사람은 마주한 두 얼굴을 보겠지요. 두 사람은 의도가 다르고 개념틀이 다르기에 서로 다른 것을 본다고 할 수 있을 것입니다.

이 그림에서도 같은 것(x)을 다르게 보는 것이라면, 여기에서 같은 것, 소량, 대상 자체(x)는 과연 무엇일까요? 〈토끼와 오리〉 그림에서와 달리, 여기에서는 두 사람이 함께 본 같은 것(x)을 말하기가 쉽지 않습니다. 두 사람이 같은 것을 본다고 말하기 어렵다는 말이지요. 꽃병을 본 사람에게 얼굴은 거기에 없는 것이고, 얼굴을 본 사람에게 꽃병은 거기에 없는 것이기 때문입니다. 전경으로 꽃병이 있으면 배경의 얼굴은 없는 것이고, 전경으로 얼굴이 있으면 배경의 꽃병은 없는 것이지요. 그렇다면 둘이 공통적으로 본 것인 대상 자체(x)는 과연 있기나 한 것일까요?

20세기 네덜란드 화가 에셔M. C. Escher의 다음 그림 〈천국과 지옥〉도 마찬가지입니다.

〈천국과 지옥〉

이 그림에서 여러분은 무엇을 봅니까? 흰색의 형태에 주목한 사람은 천사를 볼 것이고, 검은색의 형태에 주목한 사람은 악마를 볼 것입니다. 세상을 밝고 낙관적으로 보는 사람, 긍정적 개념체계를 가진 사람은 저 그림에서 천사를 보겠지요. 반면 세상을 어둡고 비관적으로 보는 사람, 부정적 개념체계를 가진 사람은 저 그림에서 악마를 볼 것입니다.

그렇다면 두 사람이 서로 다르게 보기 전 대상 자체(x)는 과연 어떤 존재일까요? 그림에서 악마를 보거나 천사를 보기 이전, 두 사람이 공통적으로 본 것은 과연 무엇일까요? 량과로 규정되기 이전, 소량(x)은 과연 무엇일까요?

이것과 저것 사이에서 춤추는 경계선

〈루빈의 꽃병〉과 〈천국과 지옥〉의 경우 흰 부분과 검은 부분은 서로 겹쳐지지 않고 어긋나 있습니다. 그래서 두 사람이 공통으로 본 것은 아예 없는 것처럼 보입니다. 그러나 정말 없는 것일까요? 각각의 개념틀에 따라 두 사람이 서로 다르게 보기 이전, 얼굴이나 꽃병으로 규정되기 이전, 천사나 악마로 규정되기 이전, 두 사람이 함께 본 것인 소량(x)은 과연 없는 것일까요? 두 사람이 공통적으로 본 것(x)은 없는 것 같지만, 실제로 없지 않습니다. 유심히 잘 보면 보이지요. 개념적 규정 이전의 x가 엄연히 거기에 있습니다. 그것은 과연 무엇일까요?

그것은 바로 꽃병과 얼굴, 천사와 악마 사이의 경계선입니다. 두 사람이 모두 본 것, 우리가 저 그림에서 실제로 보는 것은 바로 둘 사이의 경계선입니다. 경계선은 전경과 배경을 나누는 선으로, 그 선으로부터 꽃병도 생기고 얼굴도 생기지요.

그 경계선으로부터 천사도 그려지고 악마도 그려지는 것입니다. 그렇다면 그 경계선의 정체는 과연 무엇일까요?

〈루빈의 꽃병〉에서 경계선은 얼굴과 꽃병 사이에 있으면서 얼굴의 경계선이기도 하고 또 꽃병의 경계선이기도 합니다. 그러니까 그것은 (얼굴로 보면) 얼굴이기도 하고, (꽃병으로 보면) 얼굴이 아니기도 합니다. 이렇게 이기도 하고 아니기도 한 것이지요. 이 점에서 동일률과 모순율을 넘어선 것이라고 할 수 있습니다. 경계선은 또한 (꽃병으로 보면) 얼굴이 아니고 (얼굴로 보면) 얼굴이 아닌 것도 아니지요. 이렇게 '인 것'도 아니고 '아닌 것'도 아니니, 모순되는 둘 중 하나여야 한다는 배중률을 넘어선 것이라고 할 수 있습니다.

이것 또는 저것으로 규정되는 량과 이전의 것, 우리의 인식틀에 따라 규정되기 이전의 소량은 바로 이와 같이 우리 일상의 논리법칙인 동일률과 모순율과 배중률을 넘어선 것이라고 할 수 있습니다. 불교가 '이기도 하고 아니기도 하다'라고 말하고 또 '인 것도 아니고 아닌 것도 아니다'라고 말하는 것은, 결국 불교가 우리의 일상적인 사유틀 너머 바로 이와 같은 실재를 보기 때문일 것입니다. 개념적 규정 너머 우리가 함께 본 소량(x)인 저 경계선을 따라 불교의 사구부정도 성립하게 됩니다. 즉 위의 그림에서 경계선은 (꽃병으로 보면) '얼굴'도 아니고, (얼굴로 보면) '꽃병'도 아니지요. 또한 그 둘 다를 구분 없이 더해놓은 것인 '얼굴과 꽃병'도 아니고, 둘 다를 모두 제외시킨 것인 '얼굴도 아니고 꽃병도 아닌 것'도 아닙니다. 이로써 'a'도 아니고 '~a'도 아니고 'a + ~a'도 아니고 '~a + ~~a'도 아니라는 사구부정이 성립하는 것이지요.

〈천국과 지옥〉에서도 마찬가지입니다. 개념적 규정 이전에 우리가 보는 소량(x)인 경계선은 (천사로 보면) 천사이기도 하고, (악마로 보면) 천사가 아니기도 하지요. 이렇게 이기도 하고 아니기도 하니, 동일률과 모순율을 넘어선 것입니다. 또한 (천사로 보면) 악마가 아니고 (악마로 보면) 악마가 아닌 것도 아니지요. 이렇게 보면 '인 것'도 아니고 '아닌 것'도 아니니, 결국 둘 중 하나여야 한다는 배중률을 넘어선 것입니다.

그리고 마찬가지로 이러한 경계선을 통해 사구부정이 성립합니다. 즉 경계선은 (악마로 보면) '천사'도 아니고, (천사로 보면) '악마'도 아니고, 둘을 더해놓은 '천사와 악마'도 아니고, 둘 다를 모두 배제한 '천사도 아니고 악마도 아닌 것'도 아니지요. 이렇게 'a'도 아니고 '~a'도 아니고 'a + ~a'도 아니고 '~a + ~~a'도 아니라는 사구부정이 성립하는 것입니다.

이와 같이 개념적으로 서로 다르게 본 것인 량과(y) 너머 두 사람이 함께 본 것인 소량(x)은 특정한 이것 또는 저것으로 규정되기 이전, 그 둘 사이의 경계선이라고 할 수 있습니다. 경계선은 동일률과 모순율과 배중률 너머의 것입니다. 경계선은 개념틀에 따라 개념적으로 규정된 특정한 어느 하나, 꽃병 또는 얼굴, 천사 또는 악마 그 어느 하나로 고정된 것이 아니지요. 그것은 오히려 이것과 저것 사이에서, '인 것'과 '아닌 것' 사이에서 끊임없이 유동하는 경계선, 이리저리로 부단히 춤추는 경계선이라고 할 수 있습니다.

일상의식의 논리법칙 또는 개념적 규정성 너머 불교가 바라본 것은 바로 이와 같은 유동하는 경계선이라고 할 수 있습니다. 경계선은 이기도 하고 아니기도 한 것, 있기도 하고 없기도 한 것이지요. 즉 있고 없음이 함께하는 것이며, 그러기 위해 있고 없음을 함께 넘어선 것, 한마디로 유와 무 너머의 공空이라고 할 수 있습니다.

공으로서의 경계선은 유동하는 것으로서, 이것과 저것을 넘어서되 다시금 이것도 될 수 있고 저것도 될 수 있는 것입니다. 즉 꽃병이 될 수도 있고 얼굴이 될 수도 있고, 또 악마가 될 수도 있고 천사가 될 수도 있는 것이지요. 이처럼 이것과 저것을 넘어선 공이되, 그것으로부터 이것과 저것이 모두 생겨날 수 있는 것입니다. 이러한 공을 참된 공(진공)이면서 그것으로부터 일체가 생겨날 수 있는 묘한 유(묘유)라는 의미에서 진공묘유眞空妙有라고 합니다.

의식이 보는 것(y)은 서로 달라도 우리가 그 배후에 존재하는 사물 자체(x)를 함께 본다고 말할 때, 우리는 대개 그것(x)을 특정한 하나의 개별자, 개별적인 입자적 실체일 것이라고 생각합니다. 그렇지만 실상은 그렇지 않습니다. 공통으로 본 것(x)은 이것 또는 저것으로 고정된 하나의 사물이 아니고, 오히려 이것일 수도 있고 저것일 수도 있는 것, 이것이 아닐 수도 있고 저것이 아닐 수도 있는 것이지요. 그래서 일체의 규정성을 넘어선 공이라고 하는 것입니다. 다시 말해 실재는 구체적인 이것 또는 저것으로 존재하는 개별적 실체가 아니라, 그렇게 실체화되거나 구체화되기 이전의 운동성 또는 활동성이라고 할 수 있습니다. 그것은 이것 또는 저것으로 규정되는 자기동일적 사물이 아니라, 매 순간 자기 아닌 것으로 변화하는 사건이며 과정이라고 할 수 있습니다.[1] 그리고 이것이 바로 불교가 말하는 일체 존재의 무상성無常性 내지 찰나생

1 이 점에서 불교는 화이트헤드Alfred North Whitehead의 '과정철학' 또는 들뢰즈Gilles Deleuze의 '생성의 철학' 내지 '차이의 철학'과 곧잘 비교되기도 한다.

멸성刹那生滅性이 의미하는 것입니다. 존재의 실상은 자기동일성을 유지하는 정지된 사물이 아니라 매 순간 생하고 그다음 순간 멸하는 찰나생멸의 과정이라는 것이지요. 찰나마다 자기 아닌 것으로 변화하기에 엄밀한 의미에서 사물의 자기동일성은 성립하지 않습니다. 동일률이 성립하지 않는 것이지요. 찰나마다의 변화는 '인 것'이 '아닌 것'으로, '아닌 것'이 '인 것'으로 바뀌는 과정이므로, 결국 '이다'와 '아니다'가 함께 성립하며, 따라서 모순율과 배중률도 성립하지 않는다고 볼 수 있습니다. 이처럼 불교가 보는 세계는 사물 아닌 사건의 세계, 정지 아닌 변화의 세계이며, 따라서 우리의 일상적 논리 법칙이나 개념적 분별을 넘어선 세계라고 할 수 있습니다.

우리는 불교뿐 아니라 장자莊子의 사상에서도 이러한 경지를 찾아볼 수 있습니다. 바로 《장자》에 나오는 호접몽胡蝶夢이 그런 경지를 보여주지요.

> 옛날에 장주莊周가 나비(호접)가 되는 꿈을 꾸었다. 훨훨 날아다니는 나비가 되었는데, 즐겁고 뜻에 맞아 장주라는 것을 알지 못했다가 돌연 깨어나니 분명히 장주였다. 장주의 꿈에서 나비가 된 것인지, 나비의 꿈에서 장주가 된 것인지 알지 못

한다. 장주와 나비에는 분명히 구분이 있으니, 이를 물화物化라고 한다.

《장자》〈제물론 齊物論〉

장주가 나비의 꿈을 꾼 것이면, 장주만 있고 나비는 없다고 할 수 있습니다. 반면 나비가 장주의 꿈을 꾸는 중이면, 나비만 있고 장주는 없는 것이지요. 의식적 분별 차원에서 보면, 장주와 나비는 서로 다른 존재이며, 그중 하나가 있으면 다른 하나는 단지 꿈속 존재로서 실재하지 않는 것이 됩니다. 그렇다면 장주와 나비라는 두 개의 서로 다른 것(y)을 넘어 그 둘의 공통의 것(x)이라고 할 수 있는 것은 과연 무엇일까요?

장주와 나비는 서로 다르지만, 꿈에서는 장주가 나비가 되고 또 나비가 장주가 되지요. 장자는 이러한 자유자재한 변화를 물화物化라고 부릅니다. 공통의 것(x)은 바로 물화가 일어나는 자리, 장주도 아니고 나비도 아니고, 또 장주이기도 하고 나비이기도 한 것이 되겠지요. 그것은 과연 무엇일까요? 장주가 꾸는 꿈이면 나비가 없고, 나비가 꾸는 꿈이면 장주가 없겠지요. 그런데 누가 꿈꾸는 자이고 누가 꿈꾸어진 자인지를 분별하기 이전, 주와 객의 분별이 일어나기 이전, 분명히 존재하는 것이 있습니다. 그게 무엇일까요? 바로 꿈입니다. 누가 꿈꾸는 것인지, 누가 꿈꾸어진 것인지, 그 분별에 앞서 분명 꿈이 있고, 그 꿈의 바탕 위에서 꿈꾸는 자와 꿈꾸어진 자의 주객분별이 일어나는 것이지요. 이렇게 보면 주객분별이 일어나기 이전 꿈 자체가 바로 공통의 것(x)으로서 자유자재한 변화인 물화가 일어나는 자리라고 할 수 있습니다. 결국 실재하는 것(x)은 장주일 수도 있고 나비일 수도 있는 것, 이것이기도 하고 저것이기도 한 것, 이기도 하고 아니기도 한 것, 유와 무를 넘어선 공이라고 할 수 있습니다. 공이면서도 묘하게 만유가 그것으로부터 나오므로 '진공묘유'인 것이지요.

우리가 사는 이 세계의 실상이 바로 이러한 진공묘유라는 것을 직감하게 하는 동영상이 있습니다.

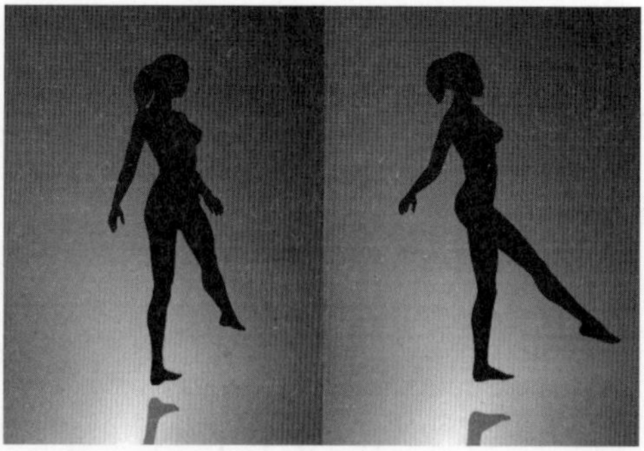

* QR코드를 찍으시면 해당 동영상을 볼 수 있습니다.

〈스피닝 댄서〉

이 동영상에서 저 발레리나는 어느 방향으로 돌고 있나요? 시계 방향으로 도나요, 시계 반대 방향으로 도나요? 누군가에게는 시계 방향으로 도는 것으로 보이고, 다른 누군가에게는 시계 반대 방향으로 도는 것으로 보일 것입니다. 같은 사람에게도 처음에는 시계 방향으로 도는 것으로 보이다가 문득 다시 시계 반대 방향으로 도는 것으로 보일 수도 있습니다. 그런데 영상이 순간적으로 바뀌어서 그렇게 달리 보이는 것이 아닙니다. 보는 시각이 바뀌어서 달리 보이는 것일 뿐이지요. 동일한 것이 다르게 보이기도 하는 것입니다.

우리의 개념적 분별에 따르면, 시계 방향과 시계 반대 방향은 분명히 서로 다른 방향이고, 따라서 두 개가 동시에 성립할 수는 없습니다. 우리의 일상적 분별의식은 분명 둘 중 하나로만 보지요. 그렇지만 의식이 분별하여 규정하기 이전 동영상 안의 저 발레리나는 그 두 방향의 운동을 동시에 포함하고 있습니다. 의식의 분별로 보면 시계 방향과 시계 반대 방향은 함께할 수 없지만, 그림 속 발레리나는 실제로 이렇게도 돌고 저렇게도 돈다고 할 수 있지요. 일상의식은 둘 중 하나를 고수하지만, 실제 현실은 양립할 수 없을 것 같은 두 가지를 다 함께 포함하고 있다는 말이 됩니다. 그렇게 우리 자신도 이기도 하고 아니기도 한 방식으로 존재한다고 할 수 있습니다.

양자역학이 보는 세계

존재하는 것 x를 입자로만 생각하면, 이기도 하고 아니기도 한 것, 있기도 하고 없기도 한 것은 있을 수 없는 일입니다. 물리학에서 '입자'는 공간상 한 점에 위치하도록 이상적으로 모형화된 실체이지요. 존재하는 x가 입자라면, 그 x는 여기에 있을 경우 여기에서 몇 미터 떨어진 저기에는 없어야 합니다. x는 여기에 있거나 저기에 있거나 둘 중 하나여야 하지요. 내가 이 방에 있으면서, 이 방 아닌 저 방에 동시에 있을 수는 없지요. 이 방으로 들어올 때 내가 서로 다른 두 개의 방문, 이 방문과 저 방문에서 동시에 들어올 수는 없는 것입니다. 이것이 우리의 상식 내지는 고전물리학에서 사물의 존재를 이해하는 방식입니다.

그런데 현대의 양자역학에 따르면, 존재하는 것 x는 여기에 있기도 하고 또 저기에 있기도 합니다. x를 입자화되기 이전의 파동으로 생각하면 그것이 가능합니다. '파동'은 진동이 주위로 퍼져나가는 현상을 의미합니다. 에너지, 기氣로도 볼 수 있지요. 이중 슬릿 실험은 빛이 입자성뿐 아니라 파동성도 가지고 있음을 보여줍니다. 스크린에 나타나는 빛의 간섭 무늬는 빛이 두 구멍을 동시에 통과하기에 가능하며, 그 실험은 빛이 파동성을 지니고 있음을 보여주지요. 빛이 두 구멍을 동시에 통과한다는 것은 마치 내가 이 방문과 저 방문에서 동시에 나올 수 있다는 것과 같은 말입니다.

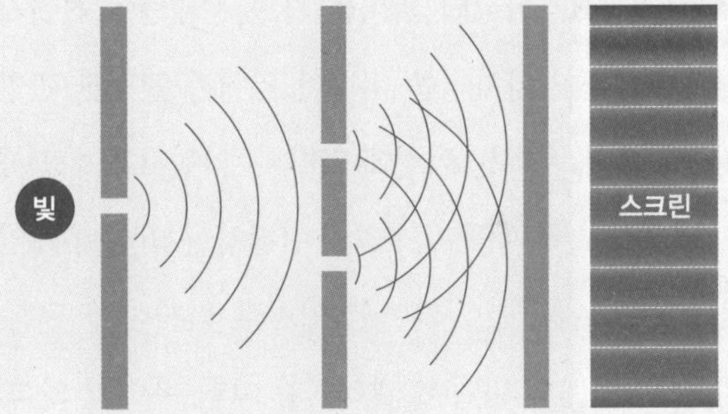

〈빛의 간섭 무늬〉

양자역학에 따르면, 미시세계의 대상은 관찰방식에 따라 입자처럼 행동할 수도 있고 파동처럼 행동할 수도 있지만, 엄밀히 말해 관찰되기 이전의 실재 자체는 입자화 이전의 파동이라고 할 수 있습니다. 이론적으로 미시세계의 대상은 오직 파동함수로만 기술되기 때문입니다. 파동함수(슈뢰딩거 방정식)는 특정한 시간에 특정한 위치에서 입자를 발견할 확률적 크기를 말합니다. 즉 관찰 전에는 입자가 발견될 확률만이 파동의 형태로 전 공간에 펼쳐져 있다가, 관찰되는 순간 확률파는 사라지고 특정한 한 위치에 입자가 나타나게 되는 것이지요. 이처럼 관찰 전 미시세계 대상은 파동으로 존재하다가, 관찰자의 관찰이 개입되면 파동함수가 붕괴되면서 비로소 입자로 나타나게 됩니다.

여기에서 관찰자는 무엇을 의미할까요? 실험실의 측정도구도 관찰자일까요? 아니면 의식을 가진 존재만이 관찰자일까요? 관찰대상을 알아차리는 의식이 있어야 진정한 관찰자라고 할 수 있다면, 우리는 이렇게 말할 수 있겠지요. 미시세계의 실재는 파동으로 존재하고, 우리의 관찰하는 의식이 개입되면 비로소 파동함수가 붕괴되면서 입자로 나타나게 된다고요. 이렇게 보면 의식의 관찰이 개입되기 이전, 우리의 의식적 분별이 작용하기 이전, 파동함수의 붕괴가 일어나기 이전 실재 자체는 파동적 존재로서 이중성과 중첩성을 갖는다고 할 수 있지요. 어떤 것이 a이기도 하고 a가 아니기도 한 것이 이중성이고, a의 가능성과 ~a의 가능성을 동시에 가지는 것이 중첩성입니다.

양자역학이 보는 세계

① 이중성: a이기도 하고 a가 아니기도 함

② 중첩성: a의 가능성과 ~a의 가능성을 동시에 가짐

앞서 그림에서 꽃병과 사람 사이의 경계선, 그것은 사람이기도 하고 사람이 아니기도 하지요. 이중성입니다. 그리고 그것은 사람과 사람 아님(꽃병)의 성질을 동시에 갖고 있지요. 중첩성입니다. 사람의 내면은 천사이기도 하고 천사가 아니기도 하지요. 이중성입니다. 그리고 인간은 천사성과 악마성을 동시에 갖고 있지요. 중첩성입니다. 우리의 의식적 분별 이전의 세계는 바로 이와 같은 이중성과 중첩성의 세계입니다.

의식이 보는 의식대상(y)으로서의 세계(현상)는 이원적 분별, 모순율과 동일률이 지배하는 세계입니다. 반면 의식적 분별 이전의 세계는 이것과 저것, '인 것'과 '아닌 것', 유와 무가 공존하면서 자유자재한 물화가 일어나는 세계이지요. 불교는 바로 이와 같은 의식적 분별 이전의 세계에 주목하며, 그 세계를 밝히고자 한 것입니다. 그렇기에 우리의 일상적 사유논리인 동일률과 모순율과 배중률을 넘어서고, 또 그러한 일체의 분별과 구획을 넘어서서 분별 이전의 실재를 드러내려고 한 것이지요.

석가의 깨달음은 곧 연기의 깨달음이며, 연기론은 곧 실체론의 부정입니다. 자아(아)와 세계(법)가 개별적 자성을 갖는 실체로 존재하는 것이 아니고, 자신 이외의 것들을 인연으로 해서 형성된 것임을 말하지요. 그렇기에 일체는 자기 아닌 것을 자신 안에 모두 포함하는 일즉다·다즉일一即多·多即一의 존재입니다.

2강

연기의 세계

緣起

모든 것은 어떻게 해서 존재할까

우리의 일상의식은 사유의 기본 논리인 동일률·모순율·배중률을 따르는 의식입니다. 동일률을 따라 '나는 나고, 너는 너다' '이것은 이것이고, 저것은 저것이다'라고 생각하지요. 그렇게 나와 너, 이것과 저것을 서로 별개의 존재로 간주합니다. 이런 논리에 따르면, a는 a일 뿐이지 a이면서 동시에 ~a일 수는 없습니다. 모순율과 배중률에 어긋나기 때문이지요.

이와 같은 분별의식은 결국 '인 것'과 '아닌 것', 이것과 저것을 서로 별개의 것으로 분리하여 나누는 이원성의 사유를 전개합니다. 이원적 사유는 눈앞에 주어지는 것들을 통합적으로 사유하여 하나로 여기기보다는 상충하는 둘로 나누어서 보는 사유입니다. '인 것'과 '아닌 것'으로 나누어서 보는 것이지요. 예를 들어, 눈앞의 것들을 모두 다 같은 존재로 포용하기보다는 살아 있는 것과 살아 있지 않은 것으로 나누지요.

그리고 그중 살아 있는 것들을 모두 다 같은 생명으로 감싸기보다는 다시 인간과 인간 아닌 것으로 나눕니다. 그리고 또 그중의 인간을 다 같은 인간으로 여기기보다는 다시 여자와 여자 아닌 남자로 나누고, 또 그중 여자를 다 같은 여자로 보기보다는 다시 좋은 여자와 안 좋은 여자로 나눕니다.

이러한 분별적 사유는 결국 취사선택하는 선별적 사유로 이어집니다. 즉 '인 것'과 '아닌 것'을 나누는 것은 결국 '인 것'은 긍정하고 '아닌 것'은 부정하려는 사고이지요. 자신의 호오好惡에 따라 대상을 선별하는 것입니다. 그리고 이러한 선별적 사고는 다시 '인 것'은 있어야 하고, '아닌 것'은 없어야 한다는 식의 배타적 사고로 이어집니다. 선은 있어야 하고 악은 없어져야 한다는 생각, 천사는 있어야 하고 악마는 없애야 한다는 생각을 하게 되는 것이지요.

이와 같은 분별적·배타적 사유에는, '인 것'과 '아닌 것'은 각각 그 자체만으로 존재하고 그 자체만으로 알려진다는 생각이 전제되어 있습니다. 그 자체만으로 존재하고 그 자체만으로 인식되는 것을 실체實體라고 부릅니다. 우리의 일상적 사유는 실체론적 사유입니다. 우리는 일상적으로 모든 것이 각각 그 자체로 존재한다고 여기면서 살아가지요. 각각을 자기동일적 실체로 여기는 것입니다. 존재하는 것은 각각 자기

본질, 자기 자성自性을 갖고 존재한다고 여기는 것이지요.

불교는 이러한 실체론을 비판합니다. 실체론이 이 세상 만물은 각각 독립적인 개별적 실체로 존재한다고 주장하는 데 반해, 불교는 이 세상 어느 것도 각각 그 자체만으로 자기 자성을 갖고 존재하는 것이 아니라고 주장합니다. 그렇다면 만물은 어떻게 해서 존재하는 것일까요? 불교는, 존재하는 것은 어느 것이든 그것 아닌 것에 의거해서 비로소 그것으로 되는 것이라고 말합니다. 즉 일체는 다른 것을 인연으로 해서 존재하는 것, 다른 것을 조건으로 하여(연) 일어난(기) 것, 연기緣起의 산물이라는 것이지요. 이것이 불교가 말하는 연기론緣起論입니다. 연기론은 실체론의 부정입니다.

연기론에 따르면, 인간이든 물질적 사물이든 모두 자신 안에 각각의 개별적 실체성, 자기 본질, 자기 자성, 자아, 아트만ātman[1]을 갖고 있는 것이 아닙니다. 그래서 '무아無我'이지요. 따라서 연기론은 곧 무아론無我論입니다. 일체가 자기 본질이 없는 무아이기에, 그 자체만으로 존재하는 것이 아니고 모두 자기 아닌 것을 통해 비로소 자기가 되는 것입니다.

1 불교 이전의 인도사상인 브라만교에서 우주창조자 브라만에 의해 창조된 개별적 실체, 개별적 영혼을 아트만이라고 불렀다. 석가의 무아론은 브라만교의 아트만의 실체성을 부정한다.

그것은 그것 아닌 것을 통해 그것이 된다

연기론에 따르면, a는 a 자체로서 존재하는 것이 아니라, a 아닌 ~a를 통해 비로소 a가 된 것입니다. 어째서 그런 것일까요? 무슨 근거에서 그것은 그것 아닌 것을 통해 그것이 된다고 말할 수 있는 것일까요? 다음 그림을 봅시다. 두 그림 중 어디에 사과가 있습니까?

〈그림 ①〉

〈그림 ②〉

누구나 〈그림 ①〉에는 사과가 그려져 있는 데 반해, 〈그림 ②〉

에는 사과가 그려져 있지 않다고 말하겠지요. 그런데 〈그림 ②〉를 그린 사람이 〈그림 ②〉는 원래 아래와 같이 큰 사과를 떠올리며 그린 그림이고, 따라서 분명 사과의 그림이라고 말한다면 어떨까요?

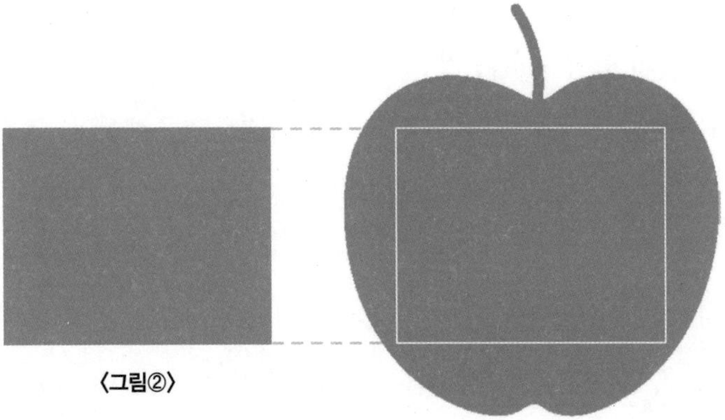

〈그림②〉

워낙 큰 사과를 너무 작은 종이에 그리려다 보니, 종이를 온통 사과색으로 칠할 수밖에 없었다고, 그러니 저 종이 전체가 바로 사과 그림이라고 주장한다면, 여러분은 그것을 수긍할 수 있겠습니까? 저 〈그림 ②〉를 사과 그림이라고 말할 수 있을까요? 그렇게 말하기는 어렵겠지요. 왜 그럴까요?

그것은 그 종이 위에 사과의 경계선이 그려져 있지 않기 때문입니다. 무엇인가가 있기 위해서, 그리고 무엇인가가 거기에 있다고 우리가 인식하기 위해서 필요한 것은 단지 그 무엇 하나가 아니라, 오히려 그것을 그것 아닌 것과 구분 짓는 경계선입니다. 그리고 그러한 경계선은 그것과 그것 아닌 것 '사이'에 존재하지요. 그러므로 그것이 있기 위해서는 경계선이 있어야 하고, 그 경계선이 있기 위해서는 그것 아닌 것이 함께 있어야 합니다. 즉 그것은 그것이기 위해서 그것 아닌 것이 있어야 하는 것입니다. 그래서 그것은 그것 아닌 것을 통해, '인 것'은 '아닌 것'을 통해 그것으로 존재하고, 그것으로 인식된다고 말할 수 있습니다.

이처럼 '인 것'과 '아닌 것', 이것과 저것은 서로 무관한 별개의 것, 별개의 실체가 아닙니다. 이것과 저것은 오히려 서로가 서로를 존재하게 하는 연기적 관계에 있는 것이지요. 다음 구절이 바로 이러한 관계를 말해주고 있습니다.

> 이것이 있으므로 저것이 있고,
> 이것이 생하므로 저것이 생한다.
> 이것이 없으므로 저것이 없고,
> 이것이 멸하므로 저것이 멸한다.
>
> 《잡아함경 雜阿含經》

이처럼 존재하는 것은 자기 아닌 대對를 통해, 즉 상대相對를 통해 자기로 성립합니다. 상대가 없으면 자기도 없는 것이지요. 모든 것은 자기의 상대가 있고, 우리는 그렇게 반대와 모순의 상대를 기다리는 '대대待對'의 존재입니다.[1] 그것은 그것 아닌 것을 통해 그것으로 존재하는 것이지요. 즉 a는 a 아닌 ~a와 함께함으로써만 a로 존재하고 a로 인식될 수 있는 것입니다. 이렇게 a와 ~a는 서로 연결된 존재, 서로에 즉卽한 존재, 상즉相卽의 존재입니다.

이러한 연기의 세계, 상즉의 세계는 사실 우리가 이미 알고 있는 세계입니다. 우리는 서로 반대나 모순이라고 생각하는 것들이 사실은 서로를 존재하게 하는 것임을 알고 있습니다. 삶과 죽음은 모순으로서 서로 별개의 것 같지만, 사실 삶과 죽음은 불가분의 것으로서 하나로 연결되어 있지요. 즉 삶은 죽음에 즉해 있고, 죽음은 삶에 즉해 있습니다. 삶이 있기에 죽음이 있고, 죽음이 있기에 삶이 있는 것이지요. 삶이 있는 것은 반드시 죽음이 있습니다. 죽지 않는 것은 살아 있는 것이 아니지요. 생화가 시들어 죽는 것은 그것이 살아 있는

1 반대contrary는 흰색과 검은색처럼 그 둘이 아닌 제3의 가능성(회색 등등)이 있는 경우이고, 모순contradiction은 흰색과 흰색-아님처럼 그 둘이 아닌 제3의 여지가 없는 경우이다. 아我와 비아非我는 모순이고, 나와 너는 반대일 수 있다. 그런데 검은색은 흰색-아님에 포함되고, 너는 비아에 포함된다. 결국 '상즉'에서 서로 즉하는 상대는 모순의 상대, a와 ~a의 상대라고 할 수 있다.

것이기 때문입니다. 조화는 살아 있지 않기에 죽을 수도 없는 것이지요. 즐거움과 고통, 밝음과 어둠은 서로 반대이지만, 둘은 동전의 양면과도 같이 서로 뗄 수가 없는 관계입니다. 고통을 모르면 즐거움도 모르고, 어둠을 모르면 밝음도 알지 못하지요. 이처럼 '인 것'은 '아닌 것'을 통해 그것으로 존재하고, 그것으로 알려집니다.

음陰과 양陽, 음지와 양지, 정지와 운동도 상즉의 존재입니다. 태극을 상징하는 아래와 같은 문양은 이러한 음과 양의 상즉을 보여주고 있습니다.

앞에서 보았던 에셔의 그림 〈천국과 지옥〉에서도 천사의 경계선은 곧 악마의 경계선입니다. 둘은 그렇게 함께하고 있지요. 즉 하나가 없으면 다른 하나도 없게 됩니다. 악마를 없애

려고 그 경계선을 없애면, 천사도 없어지게 되지요. 그렇게 악마가 없으면 천사도 없고, 천사가 없으면 악마도 없습니다. 그렇게 둘은 상즉의 존재입니다.

그것은 그것 아닌 것을 포함한다

상즉의 근거로서의 상입

상즉은 어떻게 가능한 것일까요? a와 ~a가 서로 상대가 되는 상즉은 어떻게 해서 성립하는 것일까요? 즐거움과 괴로움, 밝음과 어둠, 여성과 남성, 천사와 악마, 이들은 서로 어떤 관계가 있기에, 하나가 다른 하나를 통해 그것으로 존재하고 그것으로 알려지는 것일까요?

a와 ~a가 상즉을 이루는 것은 그 둘이 둘 사이의 경계선을 따라 성립하기 때문입니다. 그리고 둘 사이의 경계선은 그 둘 간의 끊임없는 소통을 통해 유지됩니다. 예를 들어, 생명체의 막, 사람의 피부인 내 몸의 경계선은 나를 나 아닌 것으로부터 단절시키고 나를 그 안에 밀폐시키는 막힌 벽과 같은 것이 아닙니다. 나의 경계선은 오히려 그 경계선 안과 밖의 것들이 끊임없이 서로 왕래할 수 있게끔 무수한 구멍으로 이루어

진 '열린 창'과 같은 것입니다. 경계선 주변의 어느 것도 자기 동일적 실체로 고정되어 있지 않고 매 순간 '인 것'에서 '아닌 것'으로 또는 '아닌 것'에서 '인 것'으로 변화하기에, 경계선은 고정된 것이 아니라 끊임없이 유동하는 것이지요. 그 유동하는 경계선의 구멍을 따라 안의 것은 밖으로 나가고 밖의 것은 안으로 들어오며, 그렇게 상즉하는 a와 ~a는 끊임없이 서로 소통합니다.

마주한 a와 ~a가 경계선의 구멍을 따라 안팎으로 서로 소통하는 것은 그 둘 사이의 경계선이 드러나는 자리가 본래 경계선이 없는 '하나'의 자리이기 때문입니다. 본래 벽이 없는 텅 빈 곳에 벽이 세워져 둘로 나뉘고 다시 창이 만들어져 하나로 통하듯이, 본래 둘이 없는 하나의 자리에 선이 그어져 둘이 되지만, 그 선은 본래의 하나를 드러내기 위해 그어진 가상의 선, 본래의 하나로 돌아가기 위해 사라질 허구의 선인 것입니다. 경계선이 끊임없이 유동하는 것은 본래 있지 않던 선이 인연 따라 생겨났다 인연 따라 흩어지면서 본래의 하나로 돌아가는 과정인 셈이지요. 마치 맑은 하늘에 생겨난 구름이 시시각각 변화하다가 사라지는 것과 같습니다. 마주한 둘의 바탕에는 둘이 아닌 하나가 있기에, 둘이 서로 소통함으로써 하나를 지향하는 것이지요. 이처럼 a와 ~a가 서로 소통하는 것은 이미 서로 안에 서로가 포함되어 있고 서로 안에 서로가 들어가 있는 본래 하나이기 때문입니다. 서로가 서로를 포함하고, 서로가 서로 안에 들어가 있는 것을 상입相入이라고 합니다. 한마디로 상즉은 상입에 근거한 것입니다. 상즉은 상즉을 이루는 둘이 서로가 서로를 포함하는 상입의 관계에 있기에 가능한 것이지요. 상입은 a와 ~a가 서로 대대가 되는 상즉을 넘어, a 안에 ~a가 포함되어 있고 ~a 안에 a가 포함되어 있음을 뜻합니다.

실체의 세계와 상즉의 세계와 상입의 세계, 셋은 어떻게 서로 다른 것일까요? 실체론적 사유에 따르면, a와 ~a 또는 a와 b는 각각 서로 다른 별개의 것으로 존재하지요. 반면 상즉에 따르면, a는 ~a가 있으므로 있고, ~a는 a가 있으므로 있습니다. 그리고 상입에 따르면, a는 ~a를 포함하고 ~a는 a를 포함하지요. 이것은 다음과 같이 정리됩니다.

〈실체의 세계〉	⟷	〈상즉의 세계〉	⟷	〈상입의 세계〉
a와 b는 별개의 실체		a와 ~a가 서로 즉함		a와 ~a가 서로를 포함함

음과 양은 서로 대가 되는 상즉의 존재이지요. 그런데 그렇게 둘이 상즉일 수 있는 것은 음 안에 양이, 양 안에 음이 포함되어 있기 때문입니다. 즉 상입이기 때문이지요. 그래서 음과 양은 예전부터 서로의 안에 서로를 담고 있는 다음과 같은 모습으로 그려지기도 했습니다.

음과 양을 각각의 실체로 보는 것, 상즉의 관계로 보는 것 그리고 상입의 관계로 보는 것은 다음과 같이 정리될 수 있습니다.

〈실체의 세계〉	⟷	〈상즉의 세계〉	⟷	〈상입의 세계〉
음과 양은 별개의 것		음과 양이 서로 즉함		음과 양이 서로를 포함함

상입은《주역周易》의 괘卦에서도 찾아볼 수 있습니다. 우리나

라 태극기에는 태극 주변에 건곤감리의 4괘가 그려져 있지요. 건괘乾卦(☰)는 순양의 괘, 곤괘坤卦(☷)는 순음의 괘입니다. 변화는 음과 양이 교차함으로써 시작됩니다. 찬 기운인 물[水]의 감괘坎卦(☵)는 음 안에 양이 포함되어 있는 괘이고, 더운 기운인 불[火]의 리괘離卦(☲)는 양 안에 음이 포함되어 있는 괘이지요. 이처럼 변화를 일으키는 물과 불, 감괘와 리괘는 음과 양의 상입을 보여줍니다.

우리는 대개 여성과 남성을 서로 다른 별개의 존재라고 여기지만, 사실 여성과 남성은 서로를 통해 서로가 있는 상즉의 존재입니다. 나아가 둘은 서로가 서로를 포함하고 있는 상입의 존재이기도 합니다. 여성 안에도 남성성이 있고, 남성 안에도 여성성이 있는 것이지요. 20세기 서양 분석심리학자 융K. G. Jung은 여성 무의식 안의 남성성을 아니무스animus라고 부르고, 남성 무의식 안의 여성성을 아니마anima라고 불렀습니다. 음과 양의 상입을 말하고 있는 것이지요.

일반적으로는 천사와 악마는 서로 무관한 별개의 존재로 간주되지만, 에셔가 그림 〈천국과 지옥〉에서 말하고자 한 것은 그 둘의 상즉의 관계입니다. 즉 천사와 악마는 상즉하고 있어 하나가 없으면 다른 하나도 없다는 것이지요. 천사만 남기고 악마를 제거하거나, 악마만 남기고 천사가 사라지는 일은 있을 수 없는 일입니다. 우리는 그러한 상즉에서 한 걸음 더 나아가 상입을 말할 수 있습니다. 천사와 악마는 서로가 서로를 포함하는 상입의 관계에 있습니다. 즉 천사 안에 악마가 있고, 악마 안에 천사가 있지요. 그렇듯 부처 안에도 지옥중생이 있고, 지옥중생 안에도 부처가 있다고 할 수 있습니다. 이것을 강조하는 것이 천태종의 성구설性俱說입니다.

〈실체의 세계〉	⟷	〈상즉의 세계〉	⟷	〈상입의 세계〉
천사와 악마는 별개		천사와 악마가 서로 즉함		천사와 악마가 서로를 포함함

심층 하나의 발견

상즉인 둘이 서로가 서로를 포함하고 있는 것이 상입입니다. 서로 모순되는 a와 ~a가 서로를 서로의 안에 포함하는 상입이 궁극적으로 의미하는 바는 무엇일까요? a가 자신 안에 ~a를 가지면, a는 a이면서 동시에 ~a가 됩니다. 그리고 'a + ~a'는 곧 전체입니다. 마찬가지로 ~a가 자신 안에 a를 포함하면, ~a는 ~a이면서 동시에 a가 되지요. 그리고 '~a + a'도 마찬가지로 전체입니다. 결국 a 안에 ~a가 포함되어 있고 ~a 안에 a가 포함되어 있으면, a와 ~a는 둘 다 전체로서 결국 하나인 것입니다.

a가 ~a를 포함: a 와 ~a = 전체 ┐
~a가 a를 포함: ~a 와 a = 전체 ┘ 둘이 하나임

그렇게 해서 a와 ~a는 겉으로는 서로 모순되는 것, 서로 다른 것으로 나타나지만, 실제로는 서로가 서로를 포함하는 전체로서 둘은 서로 다르지 않은 하나입니다. 겉으로는 서로 다른 것으로서 다多를 이루지만, 실제로는 서로가 서로를 포함하여 서로 다르지 않은 일一인 것이지요.

a와 ~a ┌ 겉으로는 서로 다른 둘 → 다
　　　 └ 실제로는 전체로서 하나 → 일

그런데 어떻게 둘이 서로 다른 다이면서 동시에 서로 다르지 않은 일일 수 있는 것일까요? 어떻게 다와 일이 동시에 성립할 수 있을까요? 그것은 다가 성립하는 층위와 일이 성립하는 층위가 서로 다르기에 가능합니다. 즉 분별적 의식 차원인

표층에서는 둘이 서로 다르게 나타나서 다를 이루지만, 분별 이전의 차원인 심층에서는 둘이 서로 다르지 않은 일을 이루는 것입니다. 이처럼 우주 만물은 표층에서는 각각 서로 다른 다로 존재하고, 심층에서는 서로 다르지 않은 일로 존재한다고 할 수 있습니다.

a와 ~a ┌ 다: 의식적 분별 차원 → 표층에서 성립
　　　 └ 일: 분별 이전 차원 → 심층에서 성립

a와 ~a가 서로 다른 것인 다로 나타나는 것은 표층에서입니다. 그리고 a와 ~a가 서로가 서로를 포함하는 전체로서 서로 다르지 않은 일을 이루는 것은 심층에서입니다.

심층은 어디에서 발견될 수 있을까요? 심층은 표층에 드러나는 일체의 분별이 일어나기 이전, 존재를 다로 구분 짓는 다양한 경계선이 등장하기 이전입니다. 심층은 표층에서 드러나는 음과 양, 천사와 악마의 이원적 분별이 일어나기 전, 그렇게 둘을 가르는 경계선이 드러나기 전이지요. 말하자면, 심층은 표층의 분별적 모습을 낳는 일체의 경계선이 모두 사라진 전체의 빈 바탕, 빈 종이라고 할 수 있습니다.

표층은 서로를 구분하는 경계선을 따라 일체의 차별상이 등장하는 세계이고, 심층은 그러한 일체의 차별상을 떠난 세계입니다. 불교에서는 이러한 심층을 미세한 3세상細相과 거친 6추상麤相이 일어나기 전인 무념無念의 자리로 논합니다.[1] 그리고 유학儒學에서는 이것을 감이수통感而遂通이 일어나기 전인 적연부동寂然不動의 자리로 설명합니다.[2]

1 3세상 6추상은 《대승기신론 大乘起信論》에서 논하는 것으로, 의식이 포착하기 힘든 미묘한 3세상은 아뢰야식 차원에서 일어나는 무명업상 無明業相(무명의 업에 따라 움직이는 상), 능견상 能見相(능히 보는 상/견분), 경계상 境界相(보이는 상/상분)이고, 거친 6추상은 말나식과 의식 차원에서 일어나는 지상 智相(자아로 아는 상), 상속상 相續相(지속하는 상), 집취상 執取相(집착하는 상), 계명자상 計名字相(개념을 따라 분별하는 상), 기업상 起業相(업을 짓는 상), 업계고상 業繫苦相(업을 따라 보를 받는 상)이다. 이러한 세상과 추상을 모두 떠난 바탕의 마음이 무념의 마음이다.

2 적연부동과 감이수통은 《주역》 〈계사전 繫辭傳〉에서 논하는 것으로, 적연부동은 '고요하여 움직임이 없음'이고, 감이수통은 '감응하여 비로소 통함'이다. 우주 만물이 생성되기 이전인 '무극이태극 無極而太極'의 상태가 적연부동이고, 태극으로부터 생겨난 음양 2기의 감응으로 만물이 생성되는 단계가 감이수통이라고 할 수 있다.

이와 같은 표층과 심층의 관계, 즉 a와 ~a가 상즉하여 서로 다른 것으로 나타나는 표층과 a와 ~a가 상입하여 서로가 서로를 포함하는 전체로서 서로 다르지 않은 것으로 드러나는 심층의 관계는 다음과 같은 모습으로 그릴 수 있습니다.

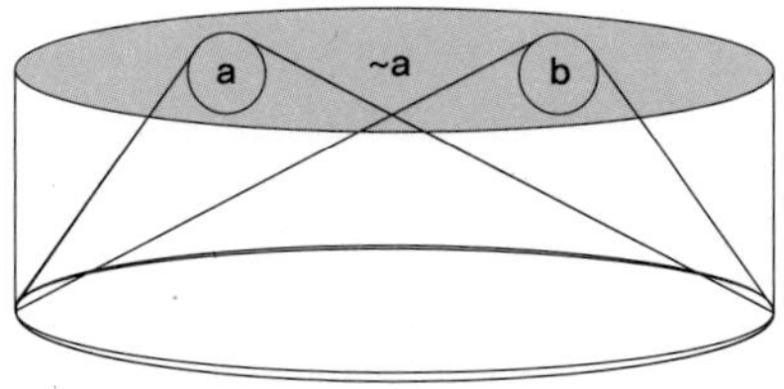

표층에서 성립하는 a와 ~a의 대대적 관계는 심층으로 내려갈수록 서로가 서로를 포함하는 상입의 관계로 드러납니다. 궁극적으로 서로 다르지 않은 심층의 하나가 인연을 따라 서로 다른 표층의 차별상으로 나타나는 것이라고 할 수 있지요.

천 개의 강에 비친 하나의 달

불일과 불이

심층과 표층, 일一과 다多는 서로 어떤 관계일까요? 표층에 드러난 다는 사물의 모습인 상相이고, 심층에 존재하는 일은 그 다양한 사물에 내재된 하나의 바탕인 성性이라고 할 수 있습니다. 그렇다면 표층의 상과 그러한 상을 떠난 심층의 성은 서로 어떤 관계일까요? 종이 위에 그려진 다양한 그림과 그 그림 아래 놓여 있는 빈 종이는 서로 어떤 관계일까요?

일상의 표층의식은 표면에 드러난 모습인 상에만 주목하면서 그 드러난 모습의 차이를 통해 각각을 서로 다른 것으로 분별할 뿐이지요. 분별의식의 눈으로만 보면, 상은 드러나 보이지만 그 바탕이 되는 성은 보이지 않습니다. 마치 우리가 그림을 볼 때, 그려진 그림만 보고 그 바탕의 빈 종이를 보지 않는 것과 같지요. 바탕의 빈 종이는 그림이 아니기 때문입니다.

그렇듯 성은 상이 아니기에, 성은 상을 떠난 자리에서 발견됩니다. 성은 상으로 드러나는 표층이 아니라 그 아래 감추어진 심층에 존재하는 것이지요. 이렇게 보면 성과 상, 심층과 표층은 하나가 아닙니다. 즉 불일不一입니다. 성은 상을 떠난 것, 일체 현상의 유무를 떠난 것, 공空으로 존재하는 것이지요. 중생 안의 심층을 부처의 성품, 여래의 성품이란 의미에서 '여래장如來藏'이라고 하면, 이 여래장은 다多로서 드러나는 표층의 현상을 떠난 것이기에 공여래장空如來藏이라고 할 수 있습니다. 마치 빈 종이가 일체 그림을 떠난 것과 같은 것이지요.

그러나 성과 상의 관계는 불일로 끝나지 않습니다. 성은 상을 떠나 있지만, 상은 성을 떠난 것이 아니기 때문입니다. 바탕의 빈 종이는 그림 너머이지만, 그 종이 위에 그려진 그림은 종이를 떠나 따로 존재하는 것이 아니지요. 종이 위의 그림은 종이를 떠난 것이 아니고, 결국은 그 자체가 종이일 뿐입니다. 바탕 위의 그림으로, 결국 바탕과 다르지 않은 것이지요. 그렇듯 표층에 드러나는 현상은 모두 심층의 드러남이고, 다양한 상은 결국 성이 드러난 모습입니다. 상은 성의 표현이고 성의 실현인 것이지요. 드러난 현상 전체, 상 전체가 성의 표현인 것입니다. 이렇게 보면 성은 상과 분리된 것이 아닙니다. 이 점에서 심층과 표층, 성과 상은 둘이 아닌 불이不二를 이룹니다. 중생의 심층인 여래장은 단지 공에 머무르지 않고 일체의 현상으로 드러나는 것이지요. 따라서 이것을 불공여래장不空如來藏이라고 부릅니다.[1]

이와 같이 성과 상의 불일은 상을 부정하고 성으로 나아가게 하지만, 성과 상의 불이는 그렇게 확인된 성을 따라 다시 상을 긍정하게 합니다. 일상의식이 상을 따라 '산은 산이요, 물은 물이다'라고 생각한다면, 상 너머 성을 찾는 성상불일은 '산은 산이 아니요, 물은 물이 아니다'를 말하게 하지요. 그리고 다시 성을 따라 상을 긍정하는 성상불이는 다시금 '산은 산이요, 물은 물이다'를 말하게 합니다.[2] 이러한 심층과 표층, 일과 다, 성과 상의 불일·불이의 관계는 다음과 같이 정리될 수 있습니다.

1 공여래장과 불공여래장의 의미는 《능엄경楞嚴經》에서 찾아볼 수 있다. 몸 안이나 몸 밖 등 7곳이 마음이 처한 장소가 아님을 밝히는 '칠처징심七處徵心'을 통해 《능엄경》은 우선 마음을 일체 현상 너머에 있는 '두루하고 묘한 밝은 마음'인 원묘명심圓妙明心이라고 논하는데, 이는 곧 마음을 현상과 구분되는 '공여래장'으로 해명한 것이다. 그리고는 다시 그 마음으로부터 일체 현상인 5온蘊과 6근根, 6경境, 6식識이 발현된다는 것을 논하는데, 이는 곧 마음을 현상과 둘이 아닌 '불공여래장'으로 설명한 것이다. 이처럼 《능엄경》은 마음을 현상과 불일不一인 공여래장이면서 동시에 불이不二인 불공여래장으로 설명한다.

2 이상 세 단계는 니체가 《차라투스트라는 이렇게 말했다》에서 언급하는 정신의 세 단계와 비교될 수 있다. '산은 산이요, 물은 물이다'를 말하는 일상의식은 과거로부터 규정되고 바깥으로부터 부과되는 것을 그대로 따르면서 '네'를 말하는 낙타의 정신이라면, '산은 산이 아니요, 물은 물이 아니다'를 말하는 것은 상 너머 성을 찾는 성상불일의 부정의 정신, '아니오'를 외치는 사자의 정신에 해당하고, 다시 '산은 산이요, 물은 물이다'를 말하는 것은 성상불이로서 현실을 있는 그대로 수용하고 즐기는 어린아이의 정신에 해당한다고 볼 수 있다.

표층: 다多 · 상相

불일 ↓↑ 불이

〈공여래장〉 심층: 일一 · 성性 〈불공여래장〉

일과 다, 성과 상의 불일·불이의 관계는 불교뿐 아니라 유학에서도 강조되었습니다. 유학에서는 이것을 성과 상, 리理와 기氣 사이의 '불상잡不相雜·불상리不相離'의 관계로 설명합니다. 리와 기가 서로 뒤섞이지 않는다는 불상잡은 불교의 불일에 해당하고, 리와 기가 서로 떠나지 않는다는 불상리는 불교의 불이에 해당하지요. 동양에서는 이처럼 불일·불이, 불상잡·불상리를 강조해왔습니다. 불일이지만 결국은 불이라는 것은 곧 진속불이眞俗不二, 성범불이聖凡不二를 의미하지요. 이러한 불이에 기반해서 대승은 '중생즉부처' '번뇌즉보리' '생사즉열반'을 말할 수 있었던 것입니다.

표층: 속俗 · 범凡 · 중생 · 번뇌 · 생사

불일 ↓↑ 불이

〈불상잡〉 심층: 진眞 · 성聖 · 부처 · 보리 · 열반 〈불상리〉

일즉다·다즉일

심층과 표층, 일一과 다多, 성性과 상相의 불일不一은 다 너머 일, 상 너머 성을 찾게 하지만, 그렇게 상 안의 성을 확인하게 되면 다시 일과 다, 성과 상의 불이不二를 따라 상은 자신의 성을 간직한 것으로서 다양한 모습 그대로 긍정됩니다. 다는 다이면서 동시에 일인 것이지요. 표층의 다는 심층의 일의 실현이고, 다양한 상은 보편의 성의 표현입니다. 존재하는 것은 그대로 일이면서 다인 것입니다. 이처럼 심층과 표층의 불일·불이를 따라 성립하는 것이 바로 일즉다·다즉일一卽多·多卽一입니다.[3] 이것과 저것, 나와 너가 가지는 표층에서의 차이가 그대로 심층의 일의 표현으로 수용되는 것이지요. 이 세상에 존재하는 것들은 표층에서는 서로 다른 각각의 것으로서 다를 이루지만, 그 다 안에 심층의 하나인 일이 구비되어 있으므로, 결국 모두가 서로 대등한 하나인 일인 것입니다.

3 여기에서 '일즉다·다즉일'에서의 즉卽의 의미와 대대를 의미하는 '상즉'에서의 즉卽의 의미는 구분되어야 한다. 상즉의 즉이 표층에서 성립하는 대대, 서로를 통해 서로가 있게 되는 대대의 의미라면, 일즉다·다즉일의 즉은 그와 같이 표층에서 성립하는 상즉의 대대와 심층에서 성립하는 상입의 포함이 서로 어떤 관계에 있는가를 말해준다. 즉 표층의 다와 심층의 일이 서로 다르지 않은 불이不二라는 것을 뜻하는 것이다.

나와 너 ┌ 표층에서는 서로 다른 존재 : 다 ┐ 불이
　　　　└ 심층에서는 서로 다르지 않은 존재: 일 ┘ 일즉다·다즉일

의식적 분별 차원에서 보면, 천사와 악마는 서로 다른 각각의 존재입니다. 그렇지만 서로가 서로를 포함하는 상입의 관점에서 보면, 천사와 악마는 서로의 안에 서로를 포함한 전체로서 서로 다르지 않은 존재이지요. 여자와 남자, 성인과 범부, 천사와 악마도 마찬가지입니다. 마음 안에 떠오르는 사랑과 증오, 기쁨과 슬픔도 본질적으로는 서로 같다는 말이 되지요. 그렇게 세상 모든 것은 드러난 모습인 상相으로는 서로 달라도, 그 근본인 성性에서는 모두 하나입니다. 《금강경金剛經》에 나오는 "상을 보지 않는 것이 곧 여래를 보는 것이다"라는 말은, 상을 보되 그 드러난 상에 매이지 말고 그 안의 성, 여래를 보라는 의미입니다. 드러난 상과 감추어진 성이 둘이 아닌 것이지요. 성과 상의 불일·불이를 통해 성립하는 '일즉다·다즉일'의 현상은 우리의 구체적 삶의 현장에서도 찾아볼 수 있습니다.

나는 어떤 존재인가를 생각해봅시다. 우리가 일상적으로 나라고 여기는 것은 나의 심신, 곧 몸과 마음입니다. 불교는 물

리적 몸을 색色이라고 하고, 심리적 마음을 명名이라고 하여 명을 수受·상想·행行·식識, 즉 느낌·생각·의지·앎으로 구분합니다. 우리가 각자 나라고 집착하는 것을 명색, 즉 색·수·상·행·식 5온蘊의 화합이라고 설명하는 것입니다. 그중 색온에 해당하는 나의 몸은 고정된 하나의 실체로 존재하는 것이 아닙니다. 물론 일상의 분별의식에 따라 우리는 나와 나 아닌 것을 각각 별개의 것으로 여기지요. 예를 들어, 내 눈앞의 사과는 분명히 내가 아닙니다. 그러나 내가 그 사과를 먹으면 그 사과는 그대로 나의 피와 살, 즉 내 몸이 됩니다. 나 아닌 것이 결국 내가 되는 것이지요. 이는 곧 내가 지금 나의 몸이라고 여기는 것 안에도 나 아닌 것이 포함되어 있다는 말입니다. 마찬가지로, 나는 남의 슬픔을 나 아닌 그의 느낌일 뿐이라고 여기지만, 내가 그 슬픔에 다가가 공감하고 공명하면 그의 느낌은 곧 나의 느낌이 됩니다. 나는 그가 하는 말을 나 아닌 그가 가지는 그의 생각일 뿐이라고 여기지만, 내가 그 생각을 이해하고 수용하면 그의 생각은 곧 나의 생각이 되지요. 이런 식으로 나의 몸과 마음, 색·수·상·행·식 5온은 모두 나 아닌 것들이 내가 된 것이라고 할 수 있습니다. 그렇게 내 안에는 나 아닌 것들이 이미 포함되어 있습니다. 나는 현상적으로는 전체의 일부분으로서 다多에 속하지만, 실제로는 나 아닌 것을 모두 포함한 하나의 전체인 일一이라고 할 수 있습니다.

인간뿐 아니라 다른 자연물들도 모두 마찬가지입니다. 한 그루의 나무 a를 떠올려봅시다. 만약 나무 a에게 분별적 자의식이 있다면, a는 자신을 옆의 나무 b와도 다르고, 지地·수水·화火·풍風 즉 자신 바깥의 땅과 물과 햇빛과 공기와도 다르다고 의식하겠지요. 그러나 그 나무 a가 생기기 전으로 시간을 거슬러 올라가봅시다. 수년 전 그 자리에는 본래 나무 a가 없었고, 어느 날 곁의 나무 b로부터 씨앗 하나가 날아와 그 땅에 떨어졌습니다. 그리고 그 씨앗이 땅으로부터 양분과 물을 얻어 싹을 틔우고, 햇빛을 받고 공기를 마시며 나무 a로 자라났습니다. 이렇게 보면 나무 a 안에는 지구의 땅과 물, 우주의 햇빛과 공기가 모두 포함되어 있습니다. 결국 나무는 자신 안에 지구와 저 멀리 우주까지도 다 품고 있다고 할 수 있지요. 그렇게 나무 한 그루, 과일 한 알에도 전 지구와 전 우주의 에너지가 담겨 있습니다. 그렇게 모든 생명체는 우주 전체를 담은 소우주인 것이지요. 드러난 현상으로만 보면 우주의 일부분이지만, 결국 전체인 것입니다. 그렇게 일즉다·다즉일이 성립합니다.

심층과 표층, 일과 다가 둘이 아니라는 '일즉다·다즉일'의 사상은 불교를 위시한 동양철학에서 끊임없이 강조해왔습니다. '월인천강月印千江'은 하나의 달이 천 개의 강에 비친다는 말입니다. 천 개의 강 속에 모두 하나의 달이 들어 있는 것이지요. 강은 서로 다르지만, 그 안의 달은 모두 같은 하나의 달입니다. 천 개의 눈동자가 하늘의 달을 바라보면, 그 각 눈동자에 모두 동일한 하나의 달이 보이겠지요. 만 개의 영혼이 우주를 바라보면, 그 만 개의 영혼 안에 만 개의 우주가 그려집니다. 그런데 그렇게 그려진 우주가 결국은 동일한 하나의 우주이지요. 이것은 무엇을 말해주나요? 만 개의 우주를 그리는 만 개의 영혼이 결국은 같은 하나의 영혼이라는 것입니다. 이것이 바로 '일즉다·다즉일'이 의미하는 바입니다.

전체 우주가 각각의 개체 안에 그대로 포함되어 있습니다. 그래서 각 생명체가 모두 우주 전체를 담은 소우주가 되는 것입니다. 화엄사상을 요약한 의상義湘의 〈법성게法性偈〉 중 한 구절인 '일미진중함시방一微塵中含十方'은 작은 먼지 하나 안에도 시방 세계, 우주 전체의 진리가 모두 담겨 있다는 뜻이지요. 그렇듯 각 생명체 안에는 우주의 신비, 우주의 근원이 모두 담겨 있습니다. 고대 인도의 철학 경전인 《우파니샤드Upaniṣad》에서는 신을 찾는 자에게 '그게 바로 너이니라!',

즉 '신이 바로 너이니라!'라고 말합니다. 한국의 동학東學은 '인간이 곧 하늘이다'라는 '인내천人乃天'을 말하지요. 모두 일즉다·다즉일을 말하고 있는 것입니다.

반면 신비주의를 제외하면, 서양철학에서 일一은 개체들 내면의 성性이 아니라 개체들과는 본질적으로 다른, 개체들 바깥의 신神으로 간주되었습니다.[4] 서양에서는 현대과학에 와서야 비로소 '일즉다·다즉일'이 주장됩니다. 일즉다·다즉일을 잘 보여주는 현상이 바로 '프랙탈 무늬'입니다. 프랙탈 무늬를 보면, 전체의 무늬가 각 부분에서 다시 재현되고 있지요. 그리고 그 부분의 부분도 다시 또 전체를 표현합니다. 이렇게 각 부분이 다이면서 그대로 일이 되는 것이지요. '홀로그램 필름'에서도 일즉다·다즉일이 나타납니다. 일반 필름은 그 필름 전체의 일부만을 잘라서 현상하면 그 부분만 나타나지요. 그런데 홀로그램 필름의 경우는 전체의 일부분만을 잘라서 투사해도 그것으로부터 다시 전체의 모습이 나타납니다. 부분이 그대로 전체가 되는 것이지요.

4 이 점에서 서양은 진속불이眞俗不二, 범성불이凡聖不二를 표방하지 않는다. 오히려 창조자와 피조물, 신과 인간이 본질적으로 서로 다른 존재임을 강조한다. 개별자인 다多를 두루 포용하는 포괄자인 일자一者를 추구하되, 기독교처럼 일자를 개별자 바깥에 설정하는 것은 '외적 초월주의', 불교처럼 일자를 개별자 내면의 본성으로 여기는 것은 '내적 초월주의'라고 할 수 있다.

'체세포 복제'의 경우도 마찬가지입니다. 한 사람의 눈 세포와 손가락 세포, 위장 세포와 간 세포 등은 각각 서로 다른 기관을 이루는 서로 다른 세포들이지요. 그런데 핵을 제거한 난자에 그중 한 세포, 예를 들어 손가락 세포에서 추출한 핵을 이식하면, 그것으로부터 손가락만 만들어지는 것이 아니라 인간 전체가 복제됩니다. 이것은 무엇을 말해주나요? 각각의 세포가 표층의 드러나는 모습에서는 서로 다 다르지만, 그 각 세포 안에 포함되어 있는 정보로 보면 그 각각의 세포가 모두 같다는 말이지요. 각각의 세포가 표층에서는 서로 다른 기관으로 분화되어 다르게 나타나지만, 심층에서는 모두 동일한 정보를 품고 있는 하나인 것입니다. 그러니까 체세포 복제가 가능한 것이지요. 이렇게 한 생명체의 체세포는 드러난 모습으로 보면 서로 다른 것이지만, 그 안에 담겨 있는 정보로 보면 모두 같은 것입니다. 각 기관으로 분화되기 이전의 몸 전체의 진리가 각각의 세포 안에 고스란히 담겨 있다고 할 수 있지요.[5] '일미진중함시방'을 보여주는 예입니다.

5 들뢰즈가 '기관 없는 몸'으로 논하는 것이 바로 이것에 해당한다고 본다. 그는 성충이 되기 전, 기관으로 분화되기 전의 애벌레가 오히려 성충보다 더 무한한 가능성과 무한한 역량을 가진 존재라고 역설한다.

표층: 눈 세포 ≠ 손 세포 ≠ 발 세포	– 다	불이
심층: 일체 정보를 포함	– 일	일즉다·다즉일

이와 같이 연기의 세계는 상즉과 상입의 세계입니다. 상즉은 a와 ~a의 대대관계를 말하지만, 상입은 서로가 서로를 담고 있는 포함관계를 말하지요. 모든 존재는 표층에서 서로 대대가 되는 상즉을 이루지만, 심층에서는 서로가 서로를 포함하는 상입을 이루고 있습니다. 상즉의 다多는 표층에 드러난 상相이고, 상입의 일一은 심층에 가려진 성性이라고 할 수 있습니다. 그런데 다의 상은 곧 일의 성의 표현이지요. 그렇게 심층과 표층, 일과 다는 둘이 아닌 불이不二이기에, 연기의 세계, 상즉과 상입의 세계는 곧 일즉다·다즉일의 세계가 되는 것입니다.

모든 수행론은 특정한 존재론 위에서 전개됩니다. 여기에서는 불교의 두 수행법, 관觀과 지止를 각각 불교의 연기론과 불성론의 기반 위에서 살펴볼 것입니다. 관觀과 지止를 함께 논함으로써 소위 남방 상좌부불교가 중시하는 비파사나와 북방 대승불교가 중시하는 지에 해당하는 선禪 내지 간화선看話禪이 어떻게 서로 연관되는지를 밝혀보려고 합니다. 예전에는 동북아불교는 대승이고 동남아불교는 소승이라고 하면서 상좌부를 폄하하는 경향이 있었다면, 근래 팔리어의 니까야경전이 번역되고 난 후 오히려 남방 상좌부가 정통불교이고 대승의 가르침은 불설佛說이 아니라고 하면서 우리나라 전통수행법인 간화선까지 폄하하는 경향이 생겨났지요. 여기에서는 이 두 수행법이 상충하는 것이 아니라 서로를 보완하는 것임을 밝혀 한국 회통불교의 정신을 살려보고자 합니다.

3강

수행의 세계

修行

인연으로 일어나는 순환고리

불교는 세상을 실체론적으로 이해하지 않고 연기론적으로 이해합니다. 그래서 자아를 색·수·상·행·식 5온의 화합물일 뿐이라고 말합니다. 자아는 자기 아닌 것을 통해 자기가 된 연기의 산물이지, 항상되고 단일한 실체적 자아가 아니라는 뜻이지요. 자아를 실체론적으로 이해하는 것과 연기론적으로 이해하는 것의 차이는 석가와 그 제자가 나눈 다음의 대화에서 잘 드러납니다.

비구 누가 부딪칩니까?

석가 나는 부딪치는 자가 있다고 말하지 않습니다. 만일 내가 부딪치는 자가 있다고 말하면, 당신은 마땅히 그렇게 물어야 할 것입니다. 그러나 (나는 그렇게 말하지 않으니) 당신은 '무엇을 인연으로 하여 부딪침이 있는가?'라고 물어야 합니다. 그러면 나는 '6입처入處를 인연으로 하여 부딪침이 있고, 부딪침을 인연으로 하여 느낌이 있다'고 말합니다.

《잡아함경》

제자는 우리 일상의 사유틀에 따라 실체론적으로 사유하면서, 누가 부딪치냐고 묻고 있지요. 여기서 부딪침은 나와 세계와의 부딪침, 즉 인식기관인 근根과 인식대상인 경境과의 부딪침인 촉觸입니다. 제자는 부딪침의 현상을 놓고 누가 부딪치는가를 묻는 것이지요. 이것은 누군가 "빨갛다"라고 말하면, 우리가 곧 "무엇이 빨간데?"라고 묻는 것과 같은 것입니다. 부딪침을 말하면 "누가 부딪치는데?"를 묻고, 생각을 말하면 "누가 생각하는데?"를 묻는 것이지요. 빨간색이 있으면 그 빨간색을 갖는 무언가가 '빨간 사물'로 존재한다고 여기고, 생각이 있으면 그런 생각을 떠올리는 '생각하는 자'가 있다고 여기는 것입니다.

그런데 우리는 왜 이런 식으로 행위자 내지 실체를 묻는 것일까요? 그것은 우리의 언어구조 내지 사유구조가 그런 식으로 되어 있기 때문입니다. 말하자면 우리의 언어구조는 '주어subject－술어predicate' 형식인 'S는 P이다'로 되어 있습니다. 예를 들어, '사과는 빨갛다' '나는 생각한다'라는 명제 형식이 바로 주어-술어의 구조인 것이지요. 우리는 이러한 언어구조에 따라 생각하기 때문에, 세계 또한 그런 형식으로 되어 있다고 여깁니다. 즉 세계가 '주어-술어' 형식에 상응하는 '실체-속성'의 관계로 되어 있다고 여기는 것이지요. 그래서 빨간색을 보면 그 빨간색을 속성으로 갖는 '빨간 사물'이 존재한다고 여기고, 생각을 하게 되면 그런 생각을 일으키는 '생각하는 나'가 있다고 여기는 것입니다. 그런 식으로 물리적 속성에 대해 물리적 실체(연장적 실체, res extensa)를, 심리적 속성에 대해 심리적 실체(사유적 실체, res cogitans)를 설정하는 것이지요. 이런 사유를 실체론적 사유라고 합니다.

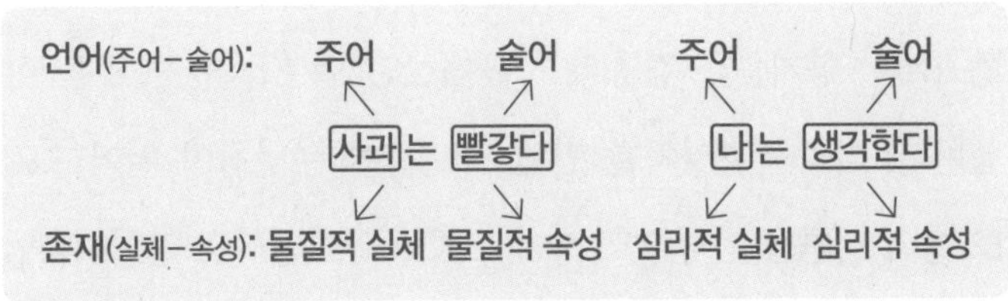

제자가 우리의 일상적인 언어틀 내지 인식틀에 따라 실체론적으로 사유했다면, 석가는 그러한 사유틀 내지 개념틀의 한계를 벗어나 존재의 실상을 있는 그대로 바라본 자입니다. 개념적으로 규정되기 이전의 있는 그대로의 실상, 공空과 연기緣起의 이치를 깨달은 자이지요. 연기론적으로 보면, 부딪

침은 부딪치는 자가 있어서 일어나는 것이 아니라, 인연을 따라 일어나는 것입니다. 그래서 석가는 '누가 부딪치는가?'를 묻지 말고, '무엇을 인연으로 하여 부딪침이 일어나는가?'를 물으라고 합니다.

그리고 부딪침은 6입처入處를 인연으로 해서 일어난다고 말합니다. 6입처는 안眼·이耳·비鼻·설舌·신身·의意, 즉 다섯 감각기관인 눈·귀·코·혀·몸과 사유기관인 의意를 합한 것으로, 6근根이라고도 합니다. 이 6가지 인식능력 내지 인식기관인 근이 있으므로 그것을 인연으로 해서 세계, 즉 6가지 인식대상인 6경境과의 부딪침이 있는 것입니다. 6경은 색色·성聲·향香·미味·촉觸·법法, 즉 다섯 감각대상인 색깔·소리·향기·맛·감촉과 사유대상인 법法을 합한 것을 이릅니다. 따라서 6입처를 인연으로 하여 부딪침이 일어나고, 또 이 부딪침을 인연으로 하여 느낌이 일어난다고 말합니다.

그러나 제자는 사유방식을 쉽게 바꾸지 못하고 다시 질문합니다. '부딪침을 인연으로 하여 느낌이 있다면, 그럼 누가 느끼는 것인가? 그리고 느낌을 인연으로 하여 사랑이 있다면, 그럼 누가 사랑하는 것인가?' 제자는 그렇게 질문하지요. 계속 활동의 주체에 해당하는 실체를 묻고 있는 것입니다. 이에 대해 석가는 다시 동일한 방식으로 답합니다.

비구 누가 느낍니까?

석가 나는 느끼는 자가 있다고 말하지 않습니다. 만일 내가 느끼는 자가 있다고 말하면 당신은 마땅히 그렇게 물어야 할 것입니다. 그러나 (나는 그렇게 말하지 않으니) 당신은 '무엇을 인연으로 하여 느낌이 있는가?'라고 물어야 합니다. 그러면 나는 '부딪침으로 인해 느낌이 있고, 느낌으로 인해 사랑이 있다'고 말합니다.

비구 누가 사랑하는 것입니까?

석가 나는 사랑하는 사람이 있다고 말하지 않습니다. … '느낌으로 인해 사랑이 있고, 사랑으로 인해 취함이 있다'고 말합니다.

《잡아함경》

'누가 느끼는가?' '누가 사랑하는가?'를 묻지 말고 '무엇을 인연으로 해서 느낌이 일어나는가?' '무엇을 인연으로 해서 사랑이 일어나는가?'를 물으라는 것이지요. 6입처에서 부딪침과 느낌과 사랑으로 이어지는 연기관계는 있지만, 그런 행위를 하는 주체가 따로 있지 않다는 것입니다. 이것이 바로 불교가 강조하는 유업보 무작자有業報 無作者입니다. 업과 보 즉 행위와 결과는 있지만, 업을 짓는 자가 따로 있지 않다는 것입니다. 현재 일어나는 업은 '업을 짓는 자'인 내가 따로 존재해서 그 '나'가 짓는 것이 아니라, 이런저런 인연을 따라 일어난 것이라는 말이지요.

이와 같이 인연으로 인해 일어나는 연기고리를 일렬로 계속 연결해놓은 것이 바로 12지연기支緣起입니다. 12지연기는 흔히 '삼세양중인과三世兩中因果', 즉 과거·현재·미래의 3세와 2중의 인과관계로 풀이됩니다. 존재의 실상을 알지 못하는 무명無明으로 인해 우리가 업業을 짓는데, 그렇게 짓는 업을 행行이라고 하지요. 그 업으로 인한 업력業力이 쌓이면, 그 업력을 갖춘 식識이 곧 윤회하는 식이 됩니다. 이 식이 곧 전생의 업력(종자)을 간직한 식(아뢰야식)이며, 중음신中陰身(죽음 뒤 다시 태어나기까지의 상태)의 식입니다. 불교에 따르면, 부모의 정자와 난자가 합하여 생겨난 수정란에 이 중음신이 들어가야 비로소 생명체가 됩니다. 그렇게 태내에 들어간 식으로부터 태아가 형성되고, 이 식을 인연으로 해서 물리적인 색色과 심리적인 명名으로 분화되어 명색名色(5온)이 생기게 되지요. 그리고 명색으로 인하여 안·이·비·설·신·의의 6입처入處가 생겨납니다. 이렇게 6근이 다 갖추어지면, 태아가 태 밖으로 나오게 되고, 그러면 곧 세상과의 접촉인 촉觸이 있게 되지요. 촉으로 인해 느낌인 수受가 있고, 다시 느낌으로 인해 애·증의 애愛가 있게 되며, 또 애·증으로 인해 취·사의 취取가 있게 됩니다. 애와 취는 새로운 업지음이며, 이로 인해 또 업력이 쌓여서 다시 윤회하게 될 존재 유有가 형성됩니다. 그리고 유로 인해 태어나는 생生이 있게 되고, 다시 생으로 인해 노사老死의 삶이 전개되는 것이지요. 이상을 과거·현재·미래의 3세와 업·보의 2중 인과로 정리해보면 우측과 같습니다.

12지 연기	2중 인과	3세
무명 ↓	업	전생
행 ↓	↓	—
식 ↓		
명색 ↓		
6입처 ↓	보	
촉 ↓		현생
수 ↓	—	
애 ↓		
취 ↓	업	
유 ↓	↓	—
생 ↓	보	내생
노사		

이와 같이 무명으로 인해 행(업)을 짓고, 그 행으로 인해 식이 윤회하고, 또 그 식으로 인해 명색이 있고 … 이런 방식으로 계속 이어지는데, 이 전체 연기고리의 첫 항이 바로 무명입니다.

그렇다면 생사윤회의 첫 항인 무명은 어떻게 해서 있게 된 것일까요? 무명은 없을 무無, 밝을 명明입니다. 밝음인 지혜가 없다는 말이지요. 어떤 지혜가 없기에, 어떤 밝음이 없기에 무명이라고 하는 것일까요? 무명이 뜻하는 바는 무엇일까요?

우리는 인간을 포함한 이 우주 전체에 대해 많은 양의 정보를 갖고 있지요. 석가가 살던 시기에 비하면 엄청나게 많은 양의 정보를 갖고 있습니다. 그런데 그런 정보 대부분은 우리가 외부로부터 습득한 객관적 지식이지, 스스로 내면에서 깨우친 지혜가 아닙니다. 그때나 지금이나 우리는 인간이 어디에서 와서 어디로 가는지, 우리가 왜 존재하는지, 우주의 본질, 존재의 실상이 무엇인지를 알지 못하지요. 모두가 근원에서 하나이며 불이不二라는 것, 무아無我라는 것을 알지 못하고 살아갑니다. 그래서 무명이라고 하는 것입니다. 무명이기에 '나는 나다'라는 아집我執을 갖고, 그 집착을 따라 업을 지으며, 또 그 업력에 의해 생사윤회를 반복하는 것이지요. 무명 이후의 11개의 항이 모두 무명으로 인해 일어나는 것입니다.

그렇다면 이 첫 항인 무명은 어떻게 해서 있게 된 것일까요? 우리에게는 왜 밝은 지혜(명)가 없는 것일까요? 인간은 본래 무명의 존재일까요? 인간은 운명적으로 자신을 알지 못하는 존재, 자신을 알 능력이 없는 유한한 존재인 것일까요? 아니면 무명 또한 절대적 첫 항이 아니라 다른 항들과 마찬가지로 어떤 인연을 따라 만들어진 것, 인연의 산물일 뿐일까요?

연기론적 사고는 실체론적 사고와 달리, 인과계열에서 절대적 제1원인을 설정하지 않는 사유입니다. 그러므로 첫 항에 대해서도 그것을 절대적 첫 항으로 보지 않지요. 오히려 원인을 소급해간 최초의 것이 그 인과계열을 따라 형성된 최후의 것과 맞물려 있다고 봅니다. 처음과 끝이 서로 맞물리는 원환圓環을 이룬다고 보는 것이지요. 말하자면 첫 항인 무명이 마지막 항인 중생의 노사를 인연으로 해서 있다는 것입니다. 이렇게 해서 12지연기는 다음과 같은 순환구조를 보입니다.

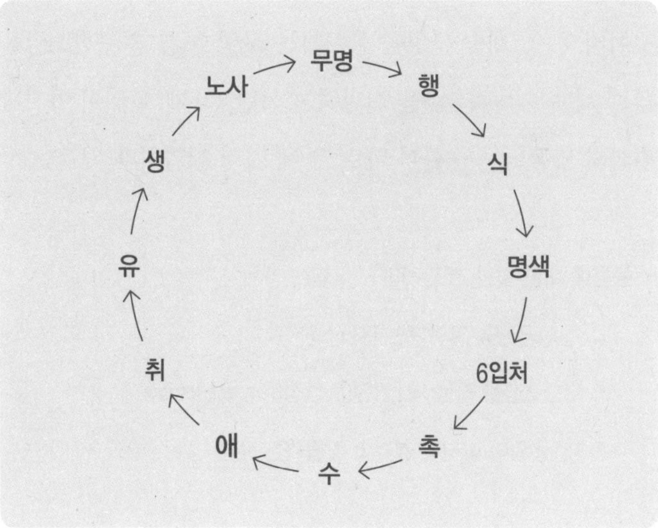

12지연기에 따르면, 우리 삶의 윤회는 무명에서 비롯됩니다. 그럼 그 무명은 어디에서 왔는가? 그것은 다시 우리의 생·노사, 즉 윤회적 삶으로부터 옵니다. 삶은 무명에서 오고, 무명은 다시 그 삶에서 온다는 것입니다. 우리는 이런 설명을 '순환'이라고 하지요.

20세기 독일 철학자 알베르트H. Albert는 근원 내지 근거를 설명하는 방식을 세 가지로 구분하였는데, 그 세 가지 모두 문제가 있다고 하여 그것을 트릴레마trillemma라고 불렀습니다. 가능한 두 가지 길에 모두 문제가 있는 것을 '딜레마'라고 하듯이, 세 가지 길에 모두 문제가 있는 것을 '트릴레마'라고 한 것이지요. ① 계속 근원을 물어가는 무한소급, ② 무한소급을 끊는 제1원인(자기원인)을 설정하는 독단, ③ 제1원인이 마지막 결과와 맞물리는 순환이 바로 그 세 가지 길입니다.

근원에 대한 설명, 트릴레마

① 계속 근원을 물어가는 무한소급

② 무한소급을 끊는 제1원인을 설정하는 독단(도그마)

③ 제1원인이 마지막 결과와 맞물리는 순환

① 무한소급은 설명이 완료되지 않으므로 문제가 됩니다. 이전의 원인으로 무한히 소급해갈 뿐, 첫 시작점이 없기에 결국은 그 이후가 설명되지 않는다는 문제가 발생하는 것입니다. 예를 들어, 어린아이가 엄마에게 '엄마, 나는 어떻게 해서 있어요?'라고 물으면, 엄마는 '엄마가 낳아서 있지'라고 답할 것입니다. 그럼 아이가 다시 '엄마는 어떻게 해서 있는데요?'라고 물으면, 엄마는 다시 '엄마의 엄마가 낳아서 있지'라고 답하겠지요. 자신의 존재가 궁금했던 아이가 여기에서 물음을 멈출까요? 그렇지 않을 것입니다. '그럼 엄마의 엄마는 어떻게 해서 있는데요?'라고 물을 것이고, 그럼 엄마는 또 같은 말을 반복하겠지요. '응, 엄마의 엄마의 엄마가 낳아서지'라고요. 아마 이렇게 계속하면 날이 새도록 묻고 답해도 끝이 없을 것입니다. 아이가 계속 묻는 것은 그건 답이 아니라는 것을 알기 때문입니다. 이전의 원인으로 소급해가고 그 소급이 무한히 계속되는 것은 결코 답이 아니라는 것은 어린아이도 다 아는 것이지요. 그렇게 무한소급은 문제가 있는 것입니다.

② 그래서 사람들은 그런 무한소급을 끊기 위해 제1원인을 설정합니다. 그렇지만 그렇게 실행되는 제1원인의 설정은 그것이 독단적 설정이기에 또 문제가 됩니다. 서양 고대철학이

나 중세신학에서는 세계의 존재를 설명하기 위해 제1원인으로 신神을 설정하였지요. 즉 현재 존재하는 세계의 원인을 찾아 과거로 계속 소급해 올라가다가, 그 소급이 무한소급에 빠지지 않게끔 더 이상 다른 원인을 물을 수 없는 제1원인 내지 자기원인으로서 신을 설정하는 것입니다. 무한소급을 끊는 신을 설정하고서 '태초에 신이 세계를 창조하였다'고 선언하는 것이지요. 현대과학에서 우주를 설명하기 위해 우주 발생의 최초로서 빅뱅을 설정하는 것도 마찬가지의 독단적 설정이라고 할 수 있습니다.

제1원인으로 신이나 빅뱅을 설정하는 것이 왜 독단일까요? 신이나 빅뱅은 더 이상 무한소급이 될 수 없게끔 그것을 끊는 제1원인으로 설정된 것이지요. 그리고 그렇게 해서 그 이후의 일체의 인과계열을 설명한다고 볼 수 있습니다. 그런데 그 이후의 일체를 설명하는 제1원인 자체는 어떻게 해서 있게 된 것인지가 설명되지 않는다는 점에서 독단적 설정이 됩니다. 우주를 창조한 신은 어떻게 해서 있게 된 것인지, 우주 발생의 출발점이 되는 빅뱅의 에너지는 어떻게 해서 존재하게 된 것인지, 그것이 더 이상 설명되지 않기 때문이지요. 이 점에서 무한소급을 끊는 제1항의 설정은 독단이며, 따라서 문제가 됩니다.

무한소급을 끊는 제1원인의 설정(실체론적 사유)

기독교: 태초의 창조자인 신의 설정

현대과학: 우주 발생 태초인 빅뱅의 설정

③ 석가는 우리가 사는 이 현상세계가 인과계열 바깥의 제1원인인 세계 바깥의 세계창조자, 브라만Brahman, 범천梵天 내지 신에 의해 만들어진 것이 아님을 깨닫고, 그러한 제1원인의 설정을 배제하였습니다. 그러니까 석가가 제시한 연기고리의 첫 항인 무명 또한 절대적 출발, 절대적 첫 항은 아닌 것이지요. 첫 항인 무명은 마지막 항인 노사로부터 온 것입니다.

그런데 순환은 독단적인 제1항의 설정을 배제하는 대신 설명을 순환적으로 한다는 점에서 문제가 됩니다. 흔히 언급되는 순환이 바로 닭과 알의 관계이지요. 닭은 어디에서 오는가? 알에서 온다. 그럼 알은 어디에서 오는가? 닭에서 온다. 이것은 닭과 알 각각을 설명한 것 같지만, 그 설명이 순환적이라 실제로는 제대로 된 설명이 아니지요. 닭과 알이 다람쥐 쳇바퀴 돌 듯 돌아가는 관계에 맞물려 있음을 보여줄 뿐, 그 전체가 어떻게 해서 있게 된 것인지는 설명되지 않기 때문입니다.

그렇다면 석가가 깨달은 연기, 12지연기가 보여주는 순환은 과연 어떤 것일까요? 불교의 12지연기가 보여주는 순환은 중생이 그곳으로부터 벗어나지 못하고 끝까지 그 안에 갇혀 도는 악순환인 것일까요? 중생은 생사윤회를 반복할 수밖에 없는 것일까요? 불교의 연기론은 소위 결정론인 것일까요?

악순환을 벗어나는 두 가지 길

불교에서의 12지연기의 순환이, 전 항이 있어서 그다음 항이 있는 방식으로 무한히 반복될 수밖에 없는 순환이라면, 그것은 트릴레마의 하나인 악순환에 해당할 것입니다. 연기의 유전문流轉門은 바로 이러한 악순환을 보여주고 있습니다. 다람쥐 쳇바퀴 돌 듯 업業에 따라 태어나서 인연 따라 다시 업을 짓고, 그 업의 보報로서 또다시 태어나 또 인연 따라 업을 짓고 … 이런 식으로 생사윤회를 반복하게 되는 것이지요. 그렇게 불교는 특정한 시작을 설정하지 않습니다. 무시 이래로 중생이 있고 또 그만큼 무시 이래로 무명이 있다고 말하지요.

그런데 불교는 연기의 유전문만 말하지 않고 연기의 환멸문還滅門도 함께 말합니다. 유전문은 4성제聖諦 즉 석가가 깨달은 네 가지 진리 중에 집착으로 고통을 더해가는 범부의 삶의 방식인 고성제苦聖諦와 집성제集聖諸에 해당합니다. 그리고 환멸문은 고통이 멸한 부처의 경지로 나아가는 수행의 길인 멸성제滅聖諦와 도성제道聖諦에 해당합니다. 유전문에 따르면, 전 항이 있으므로 그다음 항이 있고 또 그다음 항이 있는 방식으로 계속 이어져서 생·노사의 윤회가 반복되는 데 반해, 환멸문에 따르면, 전 항이 없으므로 그다음 항도 없고 또 그다음 항도 없는 방식으로 계속 이어져서 결국 전체 순환을 멈추게 되지요. 그렇게 해서 업의 순환 너머로 탈출이 가능하고, 생사윤회의 반복을 끊을 수 있게 되는 것입니다. 이는 곧 12지연기의 순환이 결정론적 악순환이 아니고, 순환(윤회)을 넘어서는 해탈이 가능하다는 것을 말해주지요.

4성제:	고성제 + 집성제	+ 멸성제 + 도성제
연기론:	유전문	환멸문

그런데 문제는 유전문에서 환멸문으로 과연 어떻게 넘어갈 수 있는가 하는 것입니다. 유전문에 따라 이미 한 항이 있어 그다음 항이 있는 것이라면, 어떻게 차례로 항을 없애가는 환멸문이 시작될 수 있는 것일까요? 모든 항이 이미 그 이전 항이 있어 필연적으로 있을 수밖에 없는 것이라면, 환멸문은 시작될 수 없을 것입니다.

환멸문이 가능하려면 12지연기의 연결고리 중 그다음 항으로의 이행이 필연적이지 않은 지점이 있어야 합니다. 그래야 그 항에서 멈추고 그다음 항으로 나아가지 않아, 결국 그다음 항을 기점으로 해서 환멸문이 시작될 수 있는 것이지요. 즉 그 앞의 항이 있어도 그 항이 없으므로 그다음 항도 없고 또 그다음 항도 없고 … 그렇게 해서 결국 전체 12지연기의 연결고리를 끊고 순환 바깥으로 나갈 수 있게 될 것입니다. 그렇다면 그러한 순환 너머로의 탈출이 일어나는 지점은 과연 어디일까요?

12지연기에서 그 연결고리를 끊고 순환 바깥으로 나갈 수 있는 길은 두 가지입니다. ① 하나는 느낌(수)에서 사랑(애)으로 나아가지 않는 것이고, ② 다른 하나는 무명을 벗어나는 것입니다. 수행자는 ① 집착하는 마음인 탐심貪心과 진심瞋心을 따르는 범부와 달리 느낌이 있어도 그다음 항인 애·증의 분별로 나아가지 않을 수 있고, 또 ② 어리석은 마음인 치심痴心에 휘둘리는 범부와 달리 밝은 지혜(명)를 얻어 무명을 넘어설 수 있습니다. 극복하고자 하는 마음을 12지연기와 연결지어 표시해보면, 다음과 같습니다.

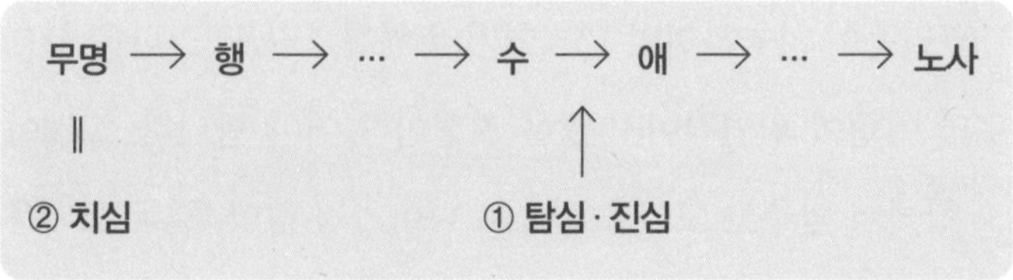

지금부터 이 두 가지 길을 각각 ① 수에서 애로의 자동이행을 막는 알아차림 수행과 ② 12지연기를 성립시키는 심층마음의 밝음을 깨닫는 견성見性 수행으로 살펴보겠습니다. 이는 또한 각각 ① 유전문을 넘어 환멸문으로 나아가는 길과 ② 생멸문을 넘어 진여문으로 나아가는 길이기도 합니다. 여기에서 생멸문은 번뇌를 쌓아가는 유전문과 번뇌를 덜어가는 환멸문을 함께 말하는 것입니다. 번뇌의 생과 멸을 함께 포함하기에 생멸문이라고 하는 것이지요. 그리고 진여문은 번뇌의 생과 멸을 넘어선 경지로 나아가는 것을 말합니다.

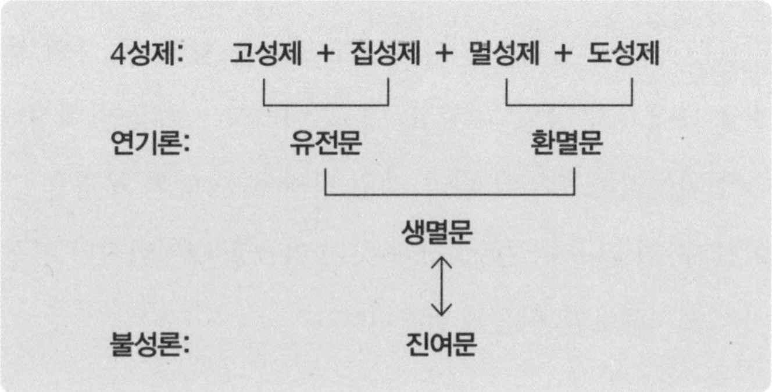

12지연기의 순환을 벗어나는 두 가지 수행의 길은 다음과 같이 정리됩니다. 이제 이 두 길을 차례대로 살펴보겠습니다.

① 수에서 애로의 이행 멈추기: 알아차림

–유전문에서 환멸문으로

② 무명을 벗어나 명으로: 견성

–생멸문에서 진여문으로

유전문에서 환멸문으로

연기고리 끊기

12지연기 중에서 항 대부분은 앞의 항의 결과로서 자동적으로 있게 되는 데 반해, 수受에서 애愛로의 이행은 그렇지 않습니다. 어째서 그런 것일까요? 이것을 이해하기 위해서는 불교가 우리의 느낌과 감정을 어떻게 이해하고 있는지를 살펴볼 필요가 있습니다.

우선 느낌(수)은 나의 색·수·상·행·식 5온 바깥의 대상이 내게 부딪쳐서(촉) 일어나는데, 대상이 내게 수순하는가 거스르는가에 따라 다른 종류의 느낌이 일어납니다. 수순하는 대상은 내게 즐거운 느낌인 락수樂受를 일으키고, 반대로 거스르는 대상은 내게 괴로운 느낌인 고수苦受를 일으키며, 특별히 거스르지도 않고 수순하지도 않는 대상은 내게 즐겁지도 괴롭지도 아닌 느낌인 사수捨受를 일으킵니다. 불교는 이렇게 우리가 갖는 느낌을 크게 세 종류로 구분합니다.

느낌(수)

① 락수: 수순하는 경계상이 일으키는 즐거운 느낌

② 고수: 거스르는 경계상이 일으키는 괴로운 느낌

③ 사수: 즐겁지도 괴롭지도 않은 느낌

그런데 이 고·락·사의 느낌에 대해 불교는 다시 단순한 신체적 느낌인 신수身受와 심리적 느낌인 심수心受를 구분합니다. 신수는 물리적 접촉으로 인해 일어나는 순수한 신체적 느낌을 말합니다. 예를 들어, 따뜻한 접촉이 일으키는 신체적 즐거움, 얻어맞을 때 일어나는 신체적 고통 등이 그런 것이지요. 반면 심수는 우리 마음에 늘 잠재해 있는 번뇌인 욕망과 분노, 탐심과 진심이 함께 작동하여 일어나는 심리적 느낌을 말합니다. 예를 들어, 따뜻한 접촉으로 인한 신체적 즐거움이 있으면, 그것으로 인해 마음속에 욕망이 일어나면서 그 욕망이 불러일으키는 느낌이 있지요. 또는 얻어맞을 때 신체적 고통이 생기면, 그것으로 인해 마음속에 분노가 일어나면서 그 분노가 불러일으키는 느낌이 있지요. 이처럼 탐심과 진심이 불러일으키는 느낌을 신수와 구분해서 마음의 느낌, 심수라고 합니다. 불교는 락수 중에서 탐심인 욕망이 불러일으키는 심수를 기쁨의 느낌 즉 희수喜受라고 부르고, 고수 중에서 진심인 분노가 불러일으키는 심수를 슬픔의 느낌 즉 우수憂受라고 합니다. 이처럼 느낌은 여러 측면을 갖고 있습니다.

3수	5수	2수
락수	락수	신수
	희수	심수
고수	고수	신수
	우수	심수
사수	사수	신수/심수

12지연기에서 수는 이런 여러 가지 느낌을 모두 포괄하고 있는 단어입니다. 그리고 그다음 항인 애는 느낌으로 인해 일어나는 감정을 말합니다. 애는 사랑과 증오, 애愛와 증憎을 포괄하여 말한 것인데, 애와 증은 심수와 마찬가지로 우리의 마음속 번뇌인 욕망과 분노에 이끌려서 일어나는 감정입니다. 결국 탐심과 진심이 일으킨 희수와 우수가 애와 증의 감정을 일으킨다고 볼 수 있지요. 탐심과 진심이 일으킨 심리상태 내지 그 기분이 느낌이고, 그 느낌이 대상으로 향한 것을 감정이라고 할 수 있습니다. 이처럼 탐심과 진심이 일어나면 희·우의

심수와 더불어 애·증의 감정이 일어납니다.

이제 12지연기에서 수에서 애로의 이행이 어떻게 일어나는지를 봅시다. 우리는 대개 락수를 일으키는 대상을 본능적으로 좋아하고, 고수를 일으키는 대상을 본능적으로 싫어하지요. 즉 고·락의 느낌인 수에서 애·증의 감정인 애로 자동적으로 이행해갑니다. 그리고 좋아하는 대상은 가지려고 하고, 싫어하는 대상은 버리려고 하지요. 그렇게 취取·사捨의 분별인 취取를 행하게 됩니다. 이처럼 느낌(수)에서 감정(애)으로, 다시 감정에서 의도와 행위(취)로 자동적으로 이행해가지요. 그래서 우리는 대개 그런 이행을 인과적인 필연적 이행이라고 생각하게 됩니다. 12지연기에서 다른 항들의 이행과 마찬가지로 수에서 애로의 이행도 필연적 이행이라고 여기는 것입니다.

그러나 불교는 12지연기의 연결고리 중에서 수에서 애로의 이행만은 필연적 이행이 아니라고 말합니다. 그것이 필연적 이행이 아니라는 것을 범부와 수행자의 차이를 통해 설명하고 있습니다. 다음은《잡아함경》중에서 범부와 수행자의 차이를 보여주는 글입니다.

어리석고 무지한 범부는 즐거운 느낌, 괴로운 느낌, 즐겁지도 괴롭지도 않은 느낌을 낸다. 지혜롭고 거룩한 제자도 즐거운 느낌, 괴로운 느낌, 즐겁지도 괴롭지도 않은 느낌을 낸다. 그럼 어떤 차이가 있는가?

어리석고 무지한 범부는 몸의 접촉으로 인해 괴로운 느낌이 생기고 큰 고통이 닥쳐 목숨까지 빼앗기게 되면, 슬퍼하고 원망하며 울부짖고 통곡하는 등 마음의 광란을 일으킨다. 이는 두 가지 느낌을 증장시키는 것이니, 몸의 느낌과 마음의 느낌이 그것이다. 비유하면 두 개의 독화살에 맞은 것과 같다. 분명하게 알지 못하기에 즐거운 느낌을 일으키는 접촉으로 인해 즐거운 느낌을 받으면 탐욕(탐)의 부림을 받고, 괴로운 느낌을 일으키는 접촉으로 인해 괴로운 느낌을 받으면 성냄(진)의 부림을 받으며, 즐겁지도 괴롭지도 않은 느낌을 받으면 어리석음(치)의 부림을 받는 것이다. 탐욕·성냄·어리석음에 매여 생로병사 및 슬픔과 번뇌에 갇히게 된다.

반면 지혜롭고 거룩한 제자는 몸의 접촉으로 인해 괴로운 느낌이 생기고 큰 고통이 닥쳐 목숨까지 빼앗기게 되어도, 슬퍼하고 원망하며 울부짖고 통곡하는 등 마음의 광란을 일으키지 않는다. 몸의 느낌 한 가지만 생기고 마음의 느낌을 일으키지 않는 것이다. 비유하면 하나의 독화살을 맞아도 두 번째

의 독화살은 맞지 않는 것과 같다. 즐거운 느낌이 있어도 탐욕에 물들지 않고, 괴로운 느낌이 있어도 성내지 않으며, 즐겁지도 괴롭지도 않은 느낌이 생겨도 어리석음의 부림을 당하지 않는다.

《잡아함경》

범부는 일단 몸의 접촉으로 인해 고·락의 느낌인 신수가 생기면, 다시 그로 인해 마음속 탐욕과 분노가 함께 작동해서 곧 마음의 느낌인 심수를 일으킨다는 것입니다. 슬픔과 원망, 절규, 애통 등의 느낌이 그것이지요. 예를 들어, 누군가 나를 때리면 몸에서 느껴지는 고통이 첫 번째 느낌인 신수입니다. 이것을 밖에서 날아온 첫 번째 화살로 비유하고 있지요. 그런데 범부는 거기서 그치지 않고 신수에 이어 곧 심수를 일으킵니다. '저 사람이 나를 뭘로 보고 때리나, 날 무시하는 건가, 기분 나빠 죽겠네, 어떻게 되갚지?' 등 갖가지 불쾌한 느낌 내지 감정이 일어나겠지요. 이것이 바로 평상시 내 마음에 있는 번뇌인 분노의 마음이 일으킨 심수라는 것입니다. 이것을 스스로 자기 자신을 향해서 쏜 두 번째 화살에 비유하고 있습니다.

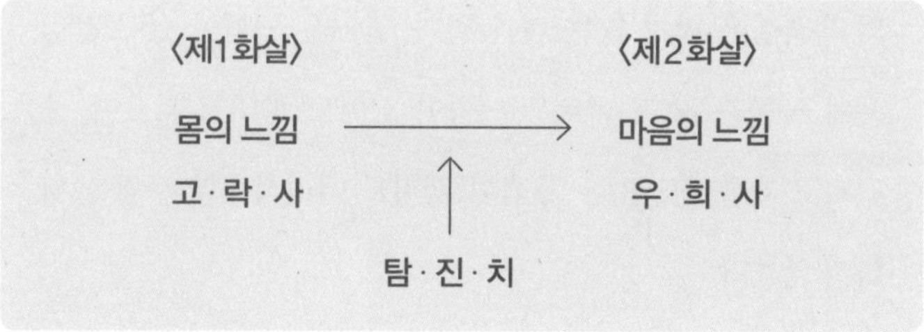

범부는 첫 번째 화살을 맞으면 이어서 스스로 두 번째 화살을 맞지만, 수행자는 첫 번째 화살에서 그치고 두 번째 화살을 맞지 않는다는 것입니다. 두 번째 화살로 인한 심수를 갖게 되면, 마음에서 이미 탐심과 진심이 함께 작동한 것이므로 심수와 결부된 애·증의 감정을 일으키게 됩니다. 즉 수에서 그다음 항인 애로 나아가게 되지요. 그렇게 범부는 자신의 마음속 번뇌인 탐심과 진심에 이끌려 신수에서 심수로 다시 심수에서 애로 자동이행해갑니다. 반면 수행자는 평상시 수행을 통해 자신의 탐심과 진심을 알아차리고 약화시키며 제어하기를 훈련하므로 쉽게 탐심과 진심에 의해 휘둘리지 않게 됩니다. 그렇게 수행자는 탐심과 진심에 이끌리지 않기 때문에 신수에 그치고 심수를 일으키지 않으며, 따라서 애로 나아가지 않습니다. 이처럼 수에서 애로 이행하는 범부와 이행하지 않는 수행자의 차이는 다음과 같이 정리해볼 수 있습니다.

촉 ⟶ 수 ⟶ 애

신수 ⟶ 심수

(제1화살) (제2화살)

범부:	O	O	O	: 수에서 애로 자동이행
수행자:	O	X	X	: 수에서 애로 자동이행 하지 않음

비유가 말하고자 하는 것은 범부는 신수에서 심수로 넘어가 금방 애·증의 감정을 일으키고 그에 따라 취·사의 집착적 행동을 하여 업을 짓지만, 수행자는 신수에 머무르고 애·증이나 취·사 등의 다음 단계로 이행하지 않는다는 것입니다. 즉 12지연기에서 수에서 애로의 이행은 수가 있다고 해서 그 결과로 반드시 애가 있게 되는 필연적 이행이 아니라는 것이지요. 범부의 의식은 즐거운 느낌에서 좋아하는 감정으로, 괴로운 느낌에서 싫어하는 감정으로 자동이행을 해가지만, 수행자는 수에 머물고 애로 나아가지 않는 것입니다. 첫 번째 화살은 맞되 두 번째 화살은 맞지 않는다는 것이지요.

이와 같이 두 번째 화살을 맞지 않으려면, 느낌과 감정 그리고 욕망과 번뇌 등 마음에서 일어나는 일체를 있는 그대로 알아차리는 수행이 필요합니다. 불교는 이것을 사띠sati 수행

내지 비파사나vipaśyanā 수행이라고 합니다. 《대념처경大念處經》에서 논하는 4념처관念處觀이 이것에 해당합니다.

알아차림

4념처관은 네 가지 념처念處인 주시할 대상을 관하는 것입니다. 4념처는 신身·수受·심心·법法, 즉 몸·느낌·마음·진리를 말합니다. 일단 몸과 느낌과 마음을 그대로 주시하여 알아차리고자 합니다. 내 몸이 무엇을 느끼고 내 마음이 무엇을 느끼는지를 정확히 분별해야 어디까지가 첫 번째 화살 때문이고 어디부터가 두 번째 화살 때문인지, 어디까지가 어쩔 수 없는 결과이고 어디부터가 피할 수 있는데도 스스로 알지 못해 떠맡은 감정인지를 알아차릴 수 있겠지요. 알면 넘어설 수 있습니다. 나로 인해 일어난 것은 결국 나에 의해 극복될 수 있기 때문입니다.

4념처관

① 신념처: 호흡, 몸의 움직임, 몸의 요소, 부정한 몸 등을 관함

② 수념처: 고·락·사의 차이를 관함, 신수와 심수의 차이를 관함

③ 심념처: 탐심과 진심을 관함

④ 법념처: 진리를 관함

《대념처경》에서는 4념처를 설명하기 시작하면서 우선 신·수·심·법 각각에 대해 동일한 방식으로 말합니다. 각각의 념처를 집중하여 주시하면서 알아차리며 머물라는 것이지요.

> 비구는 몸에서 몸을 주시하며 머문다. 집중하여 주시하면서(념) 알아차려(지) 세간에 대한 애착과 혐오를 벗어나도록 한다. 비구는 느낌에서 느낌을 … 마음에서 마음을 … 진리에서 진리를 주시하여 머문다.
>
> 《대념처경》

알아차림:	념念, sati	+	지知, sampajāna[1]
	집중·주시		알아차림·통찰

수행으로서의 알아차림은 혼미하지 않고 깨어서 주시하는 념念과 그렇게 해서 있는 그대로를 알아차리는 지知를 포함한 말입니다. 구체적으로 무엇을 주시해야 하는지에 대해《대념처경》은 신념처부터 다시 상세히 설명합니다.

1 일반적으로 수행을 논할 때, 알아차림, 사띠, 위빠사나는 거의 같은 의미로 사용되고 있다. 이때 사띠 또는 알아차림의 의미는 위의 《대념처경》에서 논하는 '주시로서의 사띠(념)'와 '통찰로서의 삼빠자나(지)'를 결합한 의미로 이해해야 한다. 즉 주시하여 알아차림을 한마디로 '사띠' 또는 '알아차림'이라고 하는 것이다.

① 우선 4념처관을 시작하기에 앞서 수행자가 자신의 몸을 어떤 곳에 어떤 자세로 두어야 하는지를 설명합니다.

> 비구는 어떻게 몸에서 몸을 주시하여 머무는가? 비구는 숲으로 가서 한적한 곳에 자리 잡고 앉는다. 가부좌를 하고 몸을 곧게 펴고 고요한 침묵 속에서 지속적인 주시(념)를 행한다.
>
> 《대념처경》

가부좌를 하고 몸을 곧게 펴서 기운의 흐름이 막히지 않게 해야 합니다. 그리고 고요한 침묵 속에서 우선 호흡부터 주시하여 알아차리라고 하지요. 호흡을 알아차린다는 것은 곧 들숨과 날숨을 알아차리는 것이며, 이러한 호흡 알아차림을 아나빠나 사띠ānāpāna-sati라고 합니다.

> 비구는 계속 주시하면서 숨을 마시고, 계속 주시하면서 숨을 내쉰다. 혹은 길게 숨을 마시면서 '길게 숨을 마신다'라고 그대로 알아차리고… 혹은 몸에서 생기는 현상을 주시하여 머물고, 혹은 몸에서 멸하는 현상을 주시하여 머물고….
>
> 《대념처경》

호흡은 신체의 경계선을 중심으로 안팎의 기운이 끊임없이 들어오고 나가는 소통 과정이라고 할 수 있습니다. 그러므로 호흡에 주목하는 것은 의식을 경계의 유동성에 맡기는 것이라고 할 수 있지요. 우선 호흡을 알아차리고 주시한 후 그다음 몸의 주시로 넘어가는데, 몸에서의 주시 대상을 다음과 같이 점점 더 세밀한 것으로 바꾸어갑니다.

호흡 ⟶ 몸의 움직임 ⟶ 몸의 요소 ⟶ 사후 시체 ⟶ 시체의 부패과정

우리가 세상을 보고 들어서 알게 되는 것은 모두 우리의 몸에 구비된 감각능력인 근根을 통해서입니다. 그런데 우리는 몸을 통해 세상을 보고 들으면서도, 그렇게 세상을 보고 듣는 몸 자체에 대해서는 잘 알지 못하지요. 4념처관은 무엇보다도 먼저 몸에 주시하여 몸의 구성요소나 사후의 부패과정까지를 있는 그대로 알아차리라고 합니다. 여기에서 몸을 주시하여 알아차리는 것은 몸을 육안肉眼으로 대상화해서 외적으로 상세히 관찰하라는 뜻이 아닙니다. 관에서의 모든 알아차림은 육안으로 밖에서 보는 방식이 아니고 의식을 모아 내적으로 알아차리는 것입니다. 의식의 집중과 주시를 통해 심안心眼이

열리면, 내적으로 신체의 움직임이나 요소 등을 볼 수 있다는 것이지요.

② 느낌을 관하는 수념처에서는 일단 락수와 고수를 알아차리고 나서, 그 후 다시 몸에서의 락수와 고수 및 마음에서의 락수와 고수를 각각 구분하여 알아차립니다. 앞에서 논한 신수와 심수의 구분을 실행하는 것이라고 볼 수 있습니다.

> 비구는 어떻게 느낌에서 느낌을 주시하여 머무는가? 비구는 즐거운 느낌을 느끼면서 '즐거운 느낌을 느낀다'고 알아차리고, 혹은 괴로운 느낌을 느끼면서 '괴로운 느낌을 느낀다'고 알아차리며, 즐겁지도 괴롭지도 않은 느낌을 느끼면서 '즐겁지도 괴롭지도 않은 느낌을 느낀다'고 알아차린다. 혹은 몸의 즐거운 느낌을 느끼면서 '몸의 즐거운 느낌을 느낀다'고 알아차리고, 혹은 마음의 즐거운 느낌을 느끼면서 '마음의 즐거운 느낌을 느낀다'고 알아차리며….
>
> 《대념처경》

락수와 고수를 주시하여 구분한 후에는 다시 그 각각에서 신수와 심수를 구분하여 알아차리라는 것입니다. 이것은 신수에서 심수로의 자동이행을 막아 두 번째 화살을 피하기 위한 것이라고 할 수 있지요. 이렇게 신수와 심수를 구분하다 보면, 심수를 일으키는 마음속 번뇌인 탐·진·치를 더 잘 알아차리게 되겠지요. 이 탐·진·치를 보다 집중적으로 알아차리는 것이 그다음의 심념처입니다.

③ 수념처에서 신수와 심수를 구분하여 알아차렸다면, 마음을 관하는 심념처에서는 그런 심수를 불러일으키는 마음의 번뇌인 욕망과 분노, 탐심과 진심을 주시하여 알아차립니다. 그렇게 함으로써 부지불식간에 욕망과 번뇌에 이끌리는 것을 막을 수 있겠지요. 또 스스로 알아차린 탐심과 진심에 대해 자신이 부림을 당하지 않고 스스로 조절할 수 있는 힘을 길러 나갈 수 있을 것입니다.

> 비구는 어떻게 마음에서 마음을 주시하여 머무는가? 비구는 탐욕이 있는 마음을 '탐욕이 있는 마음이다'라고 알아차리고, 탐욕이 없는 마음을 '탐욕이 없는 마음이다'라고 알아차리며, 분노가 있는 마음을 '분노가 있는 마음이다'라고 알아차리고, 분노가 없는 마음을 '분노가 없는 마음이다'라고 알아차린다.
>
> 《대념처경》

④ 몸과 느낌과 마음을 관하고 나서, 마지막 법념처에서는 이제까지 주시한 것들 안에 내재된 이치 내지 진리를 알아차리고 깨닫습니다. 존재의 실상을 여실하게 아는 것이라고 할 수 있지요. 불교는 법념처에서 깨달아야 할 것으로 5개蓋[2], 5온(색·수·상·행·식), 6입처(안·이·비·설·신·의), 7각지覺支[3], 4성제(고·집·멸·도) 등을 말합니다. 그런 것들을 단지 개념적으로 이해하는 것이 아니라, 마음의 눈으로 그 실상을 여실하게 깨닫는 것입니다.

이와 같이 4념처관은 몸의 실상을 여실지견한 후, 몸의 느낌과 마음의 느낌을 구분하여 알아차리고, 그렇게 함으로써 마음속 번뇌를 알아차리고자 합니다. 마음속 욕망과 분노를 알아차림으로써 부지불식간에 탐심과 진심에 이끌리는 것을 방지하려는 것이지요. 알아차림으로써 멈추는 것이라고 할 수 있습니다.

그렇게 해서 수에서 애로 자동이행하지 않으면, 애와 취의

2 마음을 덮는 5가지 번뇌로, 탐욕 貪欲, 진에 瞋恚(성냄)·수면 睡眠·도거 掉擧(들뜸)·의심 疑心을 말한다.

3 깨달음에 이르는 7가지 방법으로, 념 念(알아차림), 택법 擇法(참된 진리를 택함), 정진 精進(수행에 전념함), 희 喜(정진으로 기쁨이 생김), 경안 輕安(몸과 마음이 평안해짐), 정 定(정신을 집중함), 사 捨(일체의 생각을 버려 평정심을 얻음)을 말한다.

새로운 업지음을 멈추게 됩니다. 그렇게 업을 짓지 않으면 업력의 유를 줄이게 되고, 그러면 결국 다음 생에 다시 태어나는 생과 노사를 멈추게 되겠지요. 그렇게 해서 결국 윤회로부터 벗어나게 됩니다. 이와 같이 수에서 애로 넘어가지 않음으로써 새로운 업을 짓지 않고 업력을 덜어, 결국 12지연기의 순환고리를 끊으려는 것입니다.

이렇게 보면 12지연기의 순환은 아무도 그곳을 빠져나오지 못하고 그 안에 갇혀서 돌게 되는 닫힌 순환이 아닙니다. 수행을 통해 수에서 애로 넘어가지 않음으로써 결국 애에서 시작해서 순환의 연결고리를 끊어나가는 것이 가능한 열린 순환이라고 할 수 있지요. 닫힌 순환이 우리를 생사윤회에 가두는 악순환이라면, 열린 순환은 생사윤회로부터의 해탈 가능성을 열어놓는 선순환이라고 할 수 있습니다.

12지연기가 선순환일 수 있는 것은 불교가 말하는 연기법이 유전문과 환멸문 둘 다를 포함하고 있기 때문입니다. 12지연기의 순환구조에서 허망한 분별의 업을 더해가는 것이 유전문이고, 허망한 분별의 업을 덜어가는 것이 환멸문입니다. 수행자는 환멸문을 따라 허망분별을 덜어나감으로써 궁극적으로 분별적 번뇌가 없고 탐·진·치가 멸한 상태로 나아가고자 하지요. 즉 수에 머물고 애로 넘어가지 않음으로써 새로운 업지음을 일으키지 않는 것입니다. 그러면 업이 없으니 업력(유)이 쌓이지 않고, 따라서 업력으로 인한 태어남(생)과 죽음(노사)도 없게 됩니다. 그렇게 노사가 없으니 무명도 없고, 또 무명으로 인한 업지음(행)도 없게 되겠지요. 행이 없으니 업력(식)이 5온(명색)을 형성하지 않게 되고, 따라서 6근(6입처)도 만들어지지 않게 됩니다. 그러면 6근에 상응하는 6경도 없을 테고, 결국 근과 경의 부딪침(촉)도 발생하지 않게 되겠지요. 또 촉이 없으니 느낌(수)도 없게 됩니다. 이렇게 보면 애에서 시작해서 애가 없으니 취가 없고, 취가 없으니 유가 없고, … 이렇게 한 바퀴 돌아 결국 모두 없게 됩니다.

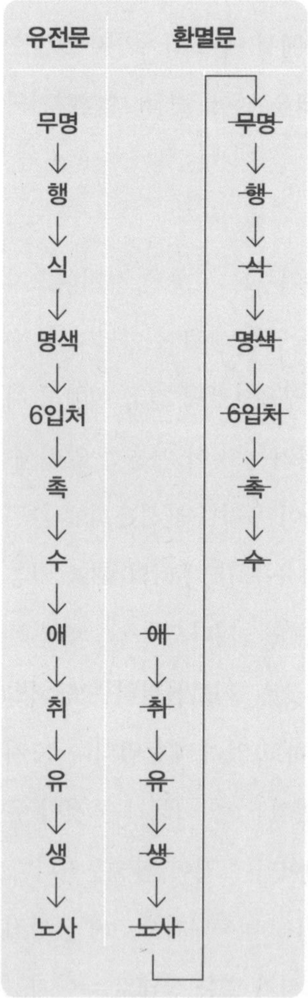

이처럼 한 항에서 시작해서 전체가 다 없게 되는 것이 환멸문입니다. 그렇다면 환멸문의 끝은 과연 무엇일까요? 일체가 무無로 돌아가는 무화無化 내지 적멸寂滅이 끝일까요?

환멸문으로 업을 없애나가면, 결국 업력에 따라 인연화합하여 생겨나는 명색인 5온(색·수·상·행·식)이 형성되지 않고, 따라서 6입처인 6근(안·이·비·설·신·의)도 생겨나지 않게 됩니다. 그리고 그 근에 상응하는 대상인 6경(색·성·향·미·촉·법)도 없게 되고, 따라서 근과 경의 부딪침으로 인하여 일어나는 6식(안식·이식·비식·설식·신식·의식)도 생겨나지 않게 됩니다. 그래서 《반야심경》에서는 "무색무수상행식無色無受想行識, 무안이비설신의無眼耳鼻舌身義, 무색성향미촉법無色聲香味觸法, 무안계내지무의식계無眼界乃至無意識界"라고 말하지요. 5온, 6근과 6경의 12처, 6근과 6경과 6식의 18계가 모두 무無라는 것입니다.

《반야심경》

무색무수상행식 無色無受想行識,		— 5온도 없음
무안이비설신의 無眼耳鼻舌身義,	6근	12처도 없음
무색성향미촉법 無色聲香味觸法,	6경	
무안계내지무의식계 無眼界乃至無意識界.		— 18계도 없음

수행의 길인 환멸문의 끝이 정말 이와 같이 5온, 12처, 18계, 일체가 모두 멸하고 나서 아무것도 남겨지는 것이 없는 공이고 적멸일 뿐일까요? 만약 인간의 마음이 연기적 인연화합의 산물일 뿐이라면, 즉 근과 경의 화합으로 일어나는 6식이 마음활동의 전부라면, 그럴 수 있겠지요. 인간의 마음이 6식으로 끝이라면, 업지음을 멈춰 업력을 덜어나가는 환멸문의 끝에는 12지연기의 모든 항목이 사라져, 결국 적멸만 남게 되고 말 것입니다.

만일 그런 것이라면, 우리는 왜 수행을 하는 것일까요? 수행을 통해 탐·진·치 번뇌가 모두 멸한 열반, 니르바나nirvana에 이르렀을 때, 수행자의 마음속 번뇌만 멸하는 것이 아니라 마음 자체까지도 모두 함께 멸해버리는 것이라면, 마치 촛불이 바람에 꺼져 어둠만 남겨지듯 그렇게 일체가 멸하고 단지 적멸만 남게 되는 것이라면, 그럼 우리가 수행을 하는 목적은 무엇일까요?

일체가 무화되는 적멸이 수행의 목적이라면, 불교는 악취공惡取空(잘못 집착된 공)에 빠진 단멸론斷滅論[4]을 벗어날 수 없

4 중생이 죽으면 심신이 모두 멸하여 아무것도 남겨지는 것이 없다는 주장이 단멸론이다. 반면 개별적 영혼은 멸하지 않고 상주한다는 주장이 상주론常住論이다. 석가는 이 두 극단을 떠난 중도中道를 설했다.

을 것입니다. 19세기 서양 철학자 쇼펜하우어A. Schopenhauer와 니체F. Nietzsche는 불교를 이런 식으로 읽어 불교를 일종의 '허무주의' 또는 '염세주의'로 해석했습니다. 프로이트G. Freud도 불교를 이런 식으로 읽어 인간의 죽음 본능, 자신을 무화하고자 하는 본능을 불교의 열반 개념을 가져다가 '열반 원칙nirvana principle'이라고 불렀습니다. 그런데 우리가 정말로 일체를 무로 돌려버리고 싶어서 수행하는 것일까요?

생멸문에서 진여문으로

연기고리 넘어서기

불교는 악취공에 빠진 단멸론이 아닙니다. 불교 수행의 궁극 지향점이 환멸문을 통해 일체가 무로 화해버린 적멸 자체일 수는 없지요. 우리가 수행으로 지향하는 것은 단순한 공空 내지 적멸 자체가 아니라, 오히려 탐·진·치가 사라진 적멸의 열반 내지 공을 마음의 경지로 갖는 부처가 되는 것입니다. 즉 무생법인無生法忍(일체가 불생불멸임을 깨달음)을 증득한 부처가 되려는 것이지요. 그러려면 환멸문의 수행을 통해 적멸에 이르렀을 때, 그 적멸 상태에서도 마음은 남아 있어야 합니다. 수행자가 지향하는 부처의 마음, 무생법인을 증득하는 마음은 결국 적멸의 상태에서도 깨어 있는 마음, 생멸 너머의 마음인 것입니다. 그렇게 부처의 마음은 생멸 너머의 마음이기에, 수행을 통해 비로소 생겨나는 것도 아니고 수행과 더불어

멸하는 것도 아닌 불생불멸의 마음인 것입니다.

이와 같이 대승은 상좌부와 달리 불교 수행이 지향하는 것이 단순한 적멸이 아니라 일체 번뇌가 멸한 부처의 마음을 증득하는 것임을 강조합니다. 그리고 그러한 부처의 마음을 모든 중생에게 본래 내재해 있는 청정한 마음인 '자성청정심自性淸淨心'이라고 보며, 이를 본성本性, 본심本心, 본각本覺, 본래면목本來面目, 불성佛性, 여래장如來藏, 진여심眞如心, 일심一心 등 다양한 이름으로 부릅니다. 중생 안에 이미 부처의 마음이 있기에, 중생은 처음부터 '본래 부처'라는 것을 강조하지요.

생멸 너머의 진여심으로 나아가는 것을《대승기신론大乘起信論》은 생멸문生滅門과 구분해서 진여문眞如門이라고 부릅니다. 생멸문은 인연에 따라 일체 존재가 생겨나는 연기의 유전문과 다시 인연에 따라 일체가 멸하여 사라지는 연기의 환멸문, 그 두 문을 포함한 것이지요. 그 유전과 환멸의 생멸문 너머 불생불멸의 부처의 마음인 진여심으로 나아가는 것이 '진여문'입니다.

진여문은 생멸의 상相인 일체 현상을 모두 멸하는 환멸문과는 구분됩니다. 유전문을 통해 생겨난 일체의 상을 모두 멸하는 것은 환멸문이지 진여문이 아니지요. 진여문은 연기적 생멸 너머의 진여眞如를 직접 자각하는 것, 상相 너머 성性을 깨닫는 것이며, 따라서 이것을 '성을 보는 것'이란 의미에서 견성見性이라고 합니다. 견성의 성은 상 너머의 성이되 모든 상이 그 성으로부터 일어나게 되는 성, 상과 불일불이不一不二의 성입니다.

진여문이 무엇인지를 그림의 비유를 들어 생각해봅시다. 종이 위에 이런저런 그림을 그려 상을 만들어나가는 것이 유전문이고, 그려진 그림을 다시 지워 상이 사라지는 것은 환멸문입니다. 이 둘은 모두 생멸 차원에서 일어나는 것이며, 따라서 생멸문에 속하지요. 우리는 그림을 볼 때 대개 그려져서 생겨난 것, 아직 지워지지 않은 것만 봅니다. 생멸문에 머무는 것입니다. 반면 우리가 그려지고 지워질 수 있는 그림의 모습만 보지 않고, 그러한 모습의 생멸 너머 항상 그 자리에 있는 그 그림의 빈 종이, 빈 바탕을 본다면, 그것이 바로 생멸문 너머 진여문으로 나아가는 것이 됩니다. 그림의 바탕은 그림이 다 지워져야 비로소 있게 되는 것이 아니고, 그림이 있든 없든 항상 그 자리에 있는 것이지요. 그렇게 성은 상과 불일불이의 것으로서 언제나 거기에 있는 것입니다. 그림을 보되 그 그려진 상에 머무르지 않고 그 그림의 바탕, 빈 종이를 보는 것이 바로 견성이고 진여문입니다. 이것이 곧 상 너머 성을 보는 것, 생멸하는 상이 아닌 불생불멸의 성을 보는 것이지요. 사람을 보되 드러난 겉모습, 서로 구분되는 차별상만 보는 것이 아니라, 모두가 하나인 바탕을 보는 것이라고 할 수 있습니다.

생멸문
- 유전문: 업력으로 그림을 그려나감 : 생성의 길
- 환멸문: 업력의 그림을 지워나감 : 소멸의 길

진여문 — 그려지고 지워지는, 생멸하는 그림(상)이 아니라 그림의 바탕(성)을 보는 것

바탕은 무슨 그림이 그려지든 항상 그 아래에 있는 것입니다. 중생 안의 부처의 마음인 진여심은 생멸 차원의 마음이 아니라는 뜻이지요. 그림을 지워서 만들어내는 것, 수행을 통해서 비로소 만들어지는 마음이 아니라는 말입니다. 중생이 부처가 될 수 있는 것은 중생 안에 이미 부처의 마음, 부처의 성품이 있기에 가능한 것이지요. 중생 안에 본래 부처의 마음이 있기에, '중생즉부처'이고 '생사즉열반'이며 '번뇌즉보리'인 것입니다. 그림이 종이 위의 그림이기에 결국은 모든 그림이 종이 이외의 다른 것이 아닌 것과 같습니다.

중생이 수행을 통해 부처가 될 수 있는 것도 중생이 이미 본래 부처이기에 가능한 것입니다. 남악 회양懷讓이 마조 도일道一에게 반문하는 다음 대화가 이 점을 강조하고 있습니다.

> 도일이 전법원에서 매일 좌선을 하였다. 회양은 그가 법기法器(부처가 될 수 있는 사람)임을 짐작하고 물었다.
>
> **회양** 대덕은 좌선坐禪을 해서 무엇하려 하오?
>
> **도일** 부처가 되려고 합니다.
>
> 도일의 대답을 듣고 회양은 나가서 벽돌 하나를 가지고 와서 절 앞의 바위에다 갈았다.
>
> **도일** 스님, 무얼 하려 하십니까?
>
> **회양** 거울을 만들려고 하오.
>
> **도일** 벽돌을 간다고 거울이 되겠습니까?
>
> **회양** 그럼 좌선을 한다고 어찌 부처가 되겠습니까? 사람이 수레를 몰고 가는데 수레가 가지 않으면 바퀴를 때려야 하겠소? 소를 때려야 하겠소?
>
> 《전등록傳燈錄》

벽돌을 간다고 거울이 되지는 않지요. 그렇듯 부처의 성품이 없다면, 아무리 수행을 해도 부처가 될 수는 없는 것입니다.

부처는 우리가 앉아서 좌선을 한다고 비로소 되는 것이 아니라는 뜻이지요. 중요한 것은 우리가 본래 부처임을 깨닫는 것입니다. 부처가 되고자 하는 것은 우리가 본래 부처이기에, 부처가 우리의 본래 성품이기에 되고자 하는 것이며, 따라서 자신 안의 부처의 성품, 본성을 깨닫는 것을 우선해야 한다는 것입니다. 좌선을 해서 비로소 부처가 되려고 하는 것은 마치 '수레를 가게 하려고 바퀴를 때리는 것'과 같다는 말이지요. 수레가 그렇게 해서 가는 것이 아니듯, 부처는 그렇게 해서 되는 것이 아니라는 말입니다. '수레를 가게 하기 위해 소를 때리는 것'은 바로 자신 안의 불성을 깨닫는 것, 본성을 보는 것, 곧 견성을 뜻하지요. 부처가 되려면, 본성의 자각, 견성이 급선무라는 뜻입니다.

불성을 깨닫는다는 것은 곧 자신의 마음이 연기의 바탕이라는 것, 생멸심 너머의 진여심이라는 것을 깨닫는 것입니다. 그림이 있거나 없거나 상관없이, 번뇌가 인연 따라 생하거나 멸하거나 상관없이, 그 바탕에 있는 본성을 깨닫는 것이지요. 즉 자신이 연기 너머의 존재임을 깨닫는 것이라고 할 수 있습니다. 그때 비로소 일체의 생멸상이 종이 위의 그림이라는 것, 망상이라는 것을 알게 되지요.

본래 부처의 마음, 진여심, 본성이 번뇌에 가려져 있는 것이 무명無明이고, 그 번뇌 너머에 있는 본래 부처의 마음, 본성을 깨달아 분명히 아는 것이 명明입니다. 말하자면, 그림을 볼 때 그려진 모습인 상만 보는 것이 무명이고, 그 생멸하는 차별상 너머 하나의 바탕인 성을 보는 것, 그려진 일체가 모두 하나가 되는 빈 바탕, 빈 종이를 보는 것이 명입니다.

12지연기의 첫 항인 무명은 바로 자신 안의 본성을 깨닫지 못하는 어리석음, 지혜 없음을 뜻합니다. 그 무명을 넘어서는 명은 곧 번뇌로 가려져 있던 자신 안의 본성을 깨닫는 것, 견성을 의미하지요. 자신 안의 본성을 깨닫는 견성을 통해 우리는 무명에서 명으로 나아갈 수 있고, 그렇게 함으로써 결국 12지연기의 고리 바깥으로 나갈 수 있는 것입니다. 그렇다면 어떻게 무명을 벗고 마음 본래의 명으로 나아갈 수 있을까요? 본성을 깨닫는 견성은 어떻게 가능한 것일까요?

무명과 명의 대비

무명 → 행 → …	**: 생멸문**(유전문+환멸문)**/**	**그림**(그리기+지우기)
↕	↕	↕
명	**진여문**	**빈 종이**

견성법

자신 안의 본래 부처의 성품, 불성 내지 본성을 우리는 어떻게 깨달을 수 있을까요? 견성의 방법으로 대승은 여러 가지 방식을 제시하고 있습니다.

견성의 방법

① 무심법: 인연 따라 생겨나는 마음의 내용을 모두 비우는 것

② 성적등지문: 대상을 좇지 않으면서 성성하게 깨어 있는 것

③ 간화선: 화두로써 마음을 비워 본래면목을 자각하는 것

① 마음의 본래 성품인 본성을 깨닫는 견성의 방법 중의 하나가 바로 대승의 무심법無心法입니다. 마음 안에 떠오르는 일체의 의식내용, 인연 따라 생겨나는 마음의 내용을 모두 지워 마음을 비우는 것이지요. 지눌知訥은 공병空甁이 병 안의 내용물이 없는 것이지 병이 없는 것이 아니듯이, 무심법은 마음 안의 내용을 없애는 것이지 마음 자체를 없애는 것이 아니라고 강조합니다. 무심법은 마음 안의 내용을 없애 마음을 비우는 것, 빈 마음이 되는 것이지요. 우리의 일상적 마음이 이런 저런 의식내용으로 꽉 채워진 마음이라면, 무심법은 그렇게 마음을 채우는 잡다한 의식내용들을 마음 안에 담아두지 않

고 덜어냄으로써 빈 마음이 되려고 하는 것입니다.

여기에서 마음을 비운다는 것은 의식적으로 마음의 내용, 의식의 대상들을 사상捨象시켜본다는 것입니다. 그렇게 의식의 대상을 좇아가지 않음으로써, 스스로를 대상을 반연하는 마음이 아닌 대상 없는 마음, 빈 마음으로 깨닫는 것이지요. 이것이 그림에서 그림의 바탕인 빈 종이를 보듯, 자신의 마음에서 일체 의식내용을 떠난 빈 마음, 본래 마음, 본성을 보는 것, 즉 견성인 것입니다.

② 적적寂寂과 성성惺惺을 함께 유지하는 '성적등지문惺寂等持門'은 지눌이 사용한 개념입니다. '적적'은 마음의 내용을 비워 마음의 산란한 활동을 멈추는 지止에 해당합니다. 지를 끝까지 밀고 가면, 우리의 마음은 일상적 의식상태가 아니게 되지요. 일상의식은 대상을 좇아 일어나서 대상을 붙잡고 있는 반연심攀緣心입니다. 따라서 일상의식은 의식대상이 없게 될 경우, 의식으로서의 활동을 멈추고 곧 의식 없는 혼침惛沈 상태로 빠져듭니다. 즉 잠들게 되지요. 이때 수행자가 잠들지 않고 깨어 있는 것이 바로 '성성'입니다. 적적에서도 성성하게 깨어 관찰하는 것은 관觀에 해당합니다. 이와 같이 적적과 성성을 함께 유지하는 것, 지와 관을 함께 실행하는 것이 바로

'성적등지문'입니다.[1]

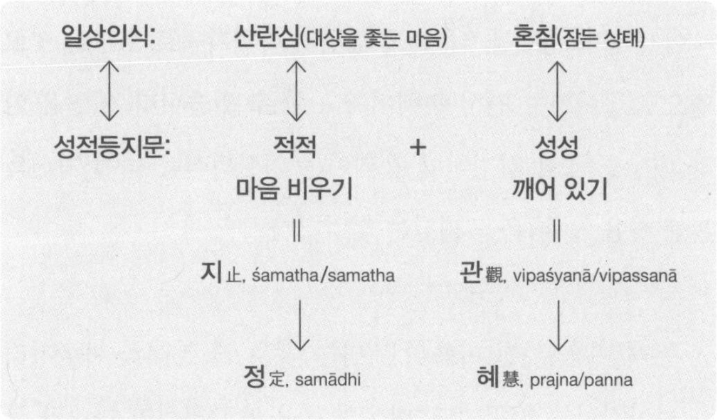

일상의식은 대상을 좇아 흩어지는 산란심이든지 붙잡을 대상을 놓쳐 잠에 빠져드는 혼침이든지 둘 중 하나입니다. 적적을 밀고 나가면 혼침으로 빠지기 쉽고, 성성하게 깨어 있자면 대상을 좇아가는 산란심이 되기 쉽지요. 성적등지문은 대상을 좇지 않아 일상의식을 넘어서면서도 잠들지 않고 깨어 있는 것입니다. 일상의식이 아니면서도 마음으로 깨어 있다는 것은 곧 일상의식이 아닌 마음, 반연심이 아닌 빈 마음, 본래 마음이 되어 스스로를 그 빈 마음으로 자각하는 것이지요. 이

1 지止로써 마음의 대상을 없앤 적적의 상태에서 성성하게 깨어 있는 관觀이 곧 지관쌍운止觀雙運의 관觀이며, 이때의 관은 앞에서 논한 4념처관에서 신·수·심·법 등 대상을 주시하여 알아차리는 관觀과는 구분된다.

점에서 자신의 본래 마음을 깨닫는 것, 본성을 보는 것, 한마디로 견성이라고 할 수 있습니다.

이와 같이 성적등지문은 무심법과 마찬가지로 무명을 벗고 명으로 돌아가는 견성 수행이라고 할 수 있습니다. 인연을 따라 대상을 좇아 산만하게 움직이는 일상의식을 넘어 자신의 본래 마음, 빈 마음을 깨닫는 것입니다.

③ 본래 마음인 빈 마음이 된다는 것은 곧 본래의 마음자리로 나아간다는 것입니다. 마음의 눈을 표층의식이 아니라 본래의 마음자리로 이끌어가는 최상의 방법이 바로 간화선看話禪입니다. 그래서 지눌은 간화선을 견성의 지름길이라는 의미에서 '경절문徑截門'이라고 하였습니다. 일물一物도 세우지 않고 빈(공) 마음의 경지로 나아가기가 쉽지 않으므로, 간화선은 일물 대신 화두話頭를 듭니다. 단 화두에 대해 생각하거나 관찰하는 것이 아니라, 오직 마음을 비워 본래면목을 자각하기 위한 수단으로만 사용하는 것이지요. 즉 화두를 들되, 화두로 인해 일어나는 의심에만 집중하는 것입니다.

간화看話는 '화두를 본다' '참구한다'는 뜻입니다. 여기서 화두는 '시체를 끌고 다니는 이것은 무엇인가'라는 뜻의 '이뭣고', 만물에 불성이 있다고 설한 후 다시 개에게 불성이 있냐는 질문의 답으로 제시된 '무無', 부처가 무엇인가라는 물음의 답으로 던져준 '뜰앞의 잣나무' 등의 말이지요. 화두를 참구한다는 것은 화두에 대해 개념적으로 사량분별하거나 자유연상이나 상상을 하는 것이 아닙니다. 개념적으로 생각하는 것이 아니라, 오로지 화두가 불러일으킨 의심과 갑갑함에만 집중하는 것이지요. 그렇게 하다 보면, 의심이 사고의 차원을 넘어 감정인 의정疑情이 되고, 다시 그 의정이 뭉쳐서 온몸을 하나의 의심덩어리인 의단疑團으로 만듭니다. 그래도 계속 화두 의심을 붙잡고 버티다 보면, 어느 순간 나의 심신을 옥죄면서 압박해오는 은산철벽銀山鐵壁이 등장하지요. 그때에도 지치지 않고 의심 하나로 그 철벽을 뚫고 나가면, 그것이 바로 화두타파의 순간입니다.

화두로 인한 의심 → 의정 → 의단 → 은산철벽 → 화두타파

이러한 간화선 수행에서는 과연 무슨 일이 일어나는 것일까요? 간화선에서 화두가 불러일으킨 의심이 갖는 의미는 무엇일까요? 우리의 일상적 사유는 우리 자신의 정보처리시스템 내지 인식체계의 틀 안에서 그 회로에 따라 진행되는 것입니다. 반면 화두가 불러일으키는 의심, 의정 그리고 의단은 그

러한 회로를 따르지 않고 오히려 그 회로 바깥으로 뛰쳐나가고자 하는 힘이라고 할 수 있습니다. 우리는 업력이 축적되어 만들어진 우리 자신의 인식체계, 우리의 근根에 매여 있는 존재입니다. 과거의 모든 습習이 우리 자신을 구속하여 우리를 그 틀 안에 가두는 것이지요. 그러나 우리의 일상적 사유는 그 틀 안에서 그 회로를 따라 움직이므로 스스로 구속되어 있다는 것을 알지 못하지요. 틀은 그 틀에서 벗어나고자 할 때에만 자유를 구속하는 억압으로 등장합니다. 화두로 인해 일어난 의심을 끝까지 붙잡고 있는 것은 기존 사유틀의 회로를 따라 사유하지 않겠다는 결의이고, 이로써 마음은 회로 바깥을 지향합니다. 그러면 기존의 사유틀 안에 쌓여 있는 업력은 마음을 회로 안에 가두고자 하여, 마음이 회로 바깥으로 빠져나가지 못하게끔 방해를 시작하겠지요. 그래서 등장하는 것이 바로 은산철벽, 우리 자신의 망상과 습관의 철벽인 것입니다. 그럼에도 오직 모르겠다는 의심 하나로 그 옥죄는 압박감을 견디며 밖으로 빠져나가고자 안간힘을 쓰면, 어느 순간 기적처럼 벽이 무너집니다. 그것이 바로 화두타파의 순간입니다. 한순간 불현듯 인식회로를 뚫고 회로 바깥으로 나가보는 것이라고 할 수 있지요. 인식틀 내지 사유회로 바깥에 선다는 것은 곧 인식기관인 근의 매임으로부터 풀려나는 것을 의미합니다. 근의 매임을 풀면 경의 매임도 풀립니다. 그렇게 해서 근과 경 너머의 마음 바탕, 빈 마음, 본래의 마음자리에 이른다고 할 수 있습니다. 마음의 본래 자리, 본래의 마음자리를 확인하는 것이지요. 모든 분별의 틀, 모든 번뇌의 회로가 만들어지기 이전 텅 빈 마음의 본래 자리에 서보는 것이라고 할 수 있습니다.

간화선은 사실 그렇게 간단한 것은 아닙니다. 화두 의심에 제대로 걸리기 위해서는 수행자를 이끌어줄 스승, 눈 밝은 선지식善知識을 만나는 것이 필수적입니다. 수행자가 의심을 갖고 본래의 마음자리로 나아가고 있는지, 허망한 경계境界에 걸려든 것은 아닌지, 그것을 감별해줄 스승이 있어야 하지요. 또 수행자가 화두타파하여 견성에 이르기까지 그것을 가로막는 모든 방해로부터 수행자의 마음을 지켜줄 스승의 법력法力이 요구되는 것입니다.

지눌은 본래의 자기 마음을 깨닫는 가장 간단한 방법 하나를 제시하였습니다. 지눌이 본래 마음이 어떤 것인지를 아무리 설명해도 제자가 알아차리지 못하고 좀 더 구체적으로 알려 달라고 재차 묻자 지눌은 이렇게 답합니다. "지금 그렇게 묻고 있는 그 마음이 바로 본래 마음입니다." 본래 마음이 무엇인지를 진지하게 찾고 있고 묻고 있다면, 그렇게 묻고 찾는 그 마음이 바로 본래 마음이라는 것이지요. 본래 마음은 우리가 감각적 또는 개념적으로 대상화해서 알 수 있는 인식대상이 아닙니다. 본래 마음은 바로 그렇게 궁금해하고 있는 마음, 알고자 묻고 있는 마음, 대상화될 수 없는 그 마음 자체라는 것이지요. 그것이 무엇인지에 대한 깨달음은 일체의 대상화를 멈출 때 불현듯 찾아옵니다. 그래서 돈오頓悟라고 하지요. 《수심결修心訣》에서 지눌은 말합니다. "이 마음 한 자리를 알면 부처가 되어 해탈하고, 이 마음 한 자리를 모르면 미혹한 중생이 되어 육도윤회六道輪廻하게 된다."

본래 마음은 중생이 유전문을 따르든 환멸문을 따르든 상관없이 본래 처음부터 '자성청정심'으로 거기에 그렇게 있는 마음입니다. 그래서 그 마음으로 나아가는 것을 생멸문 너머의 진여문이라고 말합니다. 순환을 순환으로 알아차리는 마음, 순환 너머의 마음, 본래 마음을 확인하는 견성은 본래 마음이 한순간도 그 자리를 벗어난 적이 없음을 확인하는 것입니다.

이와 같이 불교의 수행은 수에서 애로의 이행을 멈추어 업력을 덜어 순환을 끊기도 하고, 또 무명을 명으로 바꾸어 순환 너머의 마음자리로 직행하기도 합니다. 그러므로 불교가 말하는 순환은 중생이 그 안에 갇혀 벗어나지 못하는 닫힌 순환이 아니라, 순환 너머로의 해탈이 가능한 순환, 중생이 그 안에서 자유롭게 노닐 수 있는 순환입니다. 지금까지 이야기한 수행의 두 길은 다음과 같이 정리될 수 있습니다.[2]

연기론: 유전문 ⟶ 환멸문

생멸문

↓

불성론: 진여문

1) 비파사나: 알아차림
유전문에서 환멸문으로
연기 세계 내에서의 수평 이동

2) 사마타: 견성
생멸문에서 진여문으로
연기 세계 너머로의 수직 이동

2 지금까지 살펴보았듯이 대승불교에서 지와 관, 사마타와 비파사나(위빠사나)의 차이는 대상을 세우는가 아닌가이다. 즉 비파사나인 관觀은 신·수·심·법 등 특정한 관찰대상인 일물一物을 세워 그것을 주시하고 알아차려서 있는 그대로 보는 것인 데 반해, 사마타인 지止는 일물도 남지 않게 마음을 비워 적적寂寂을 유지하면서도 성성惺惺하게 깨어 있는 것이다. 불교가 이러한 지止를 논할 수 있는 것은 표층 대상의식인 제6의식 너머 심층마음의 활동을 알기 때문이다.
반면 현대의 명상연구자들은 사마타와 비파사나를 각각 집중과 통찰로 풀이하여, 비파사나를 통찰명상insight meditation이라고 부르고, 사마타를 집중명상 concentrative meditation이라고 부른다. 즉 비파사나를 사띠(마음챙김 Mindfulness)를 통해 통찰을 얻는 것으로 해석하고, 사마타를 만트라(진언)나 니미타(표상)에 의식을 모으는 집중으로 해석한다. 대승 수행에서의 지止는 일물도 세우지 않는 것인 데 반해, 현대 명상연구자들이 논하는 집중명상(사마타)은 표상 내지 40가지 집중할 대상을 세운다는 점에서 차이가 있다. 이는 현대의 명상연구자들이 《청정도론淸淨道論》 등 남방 상좌부계통의 아비달마 문헌에 근거하여 명상을 이해하기 때문이 아닐까 생각한다.

우리가 경험하는 세계는 모두 우리 마음이 만든 세계라는 것이 일체유심조一切唯心造입니다. 불교가 일체유심조를 말하는 것은 마음을 현상세계 속 사물에서 찾지 말라는 경고이지요. 마음은 물질의 투영, 몸의 그림자가 아닙니다. 오히려 물질적 우주 전체가 마음의 투사이지요. 일체는 마음 안에 나타나는 홀로그램 우주이고, 마음은 그 전체를 만들어내는 빛이고 광원입니다.

4강

일체유심조의 마음

一切唯心造

이 세계는 가상세계일까

앞에서 생멸문과 진여문의 관계를 종이 위에 그려지는 그림과 그 그림의 바탕이 되는 빈 종이의 관계로 설명하였습니다. 종이 위에 그림이 그려지는 것은 업에 따라 존재가 생겨나는 유전문에 해당하고, 그림을 다시 지워나가는 것은 수행을 통해 업력을 덜어가는 환멸문에 해당한다고 볼 수 있지요. 유전문과 환멸문, 둘 다 존재를 생기게 하고 다시 존재를 멸해간다는 의미에서 생멸문에 포함됩니다. 반면 그림이 그려지든 지워지든 그 바탕에 놓여 있는 빈 종이는 업의 유무에 따라 존재가 생겨나든 멸해가든 상관없이 항상 거기에 있는 부처의 마음, 불생불멸의 진여심에 해당합니다. 그려지고 지워지고 하는 그림만 보다가 다시 그 바탕이 되는 종이를 보는 것은 자신을 생멸심으로만 알다가 문득 자신 안의 본래 부처의 마음인 진여심을 깨닫는 것, 생멸심에서 진여심으로 나아가는 진여문에 해당한다고 볼 수 있지요.

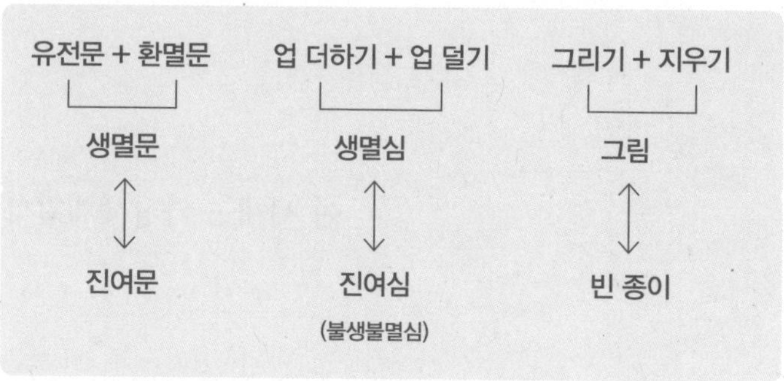

그런데 그림을 볼 때, 우리는 대개 그려진 그림을 보지 그 바탕인 종이를 보지 않습니다. 동양화는 그래도 바탕이 드러나게 그리지만, 서양화 특히 유화는 바탕을 온통 다 가려버리지요. 드러나는 것은 그림뿐이고 그 그림의 바탕이 되는 종이는 그림에 가려져서 드러나지 않으니, 우리는 눈앞의 그림만 보게 되고 그림 너머 종이를 알아보기는 쉽지 않습니다. 그렇지만 그림은 종이 위에 그려진 것으로 종이가 없으면 없는 것입니다. 말하자면 그림은 그 자체로 존재하는 것이 아니고, 단지 종이에 의거해서만 있고 종이를 떠나서 따로 있는 것이 아니지요. 이 점에서 실재하는 것은 종이이고, 그 위에 그려진 그림은 있는 것처럼 보이지만 사실은 그 자체로 존재하는 것이 아닌 것, 일종의 가상이라고 할 수 있습니다.

불교에서는 우리가 경험하는 세계 사물들도 마치 종이 위에 그려진 그림처럼 그 자체로 존재하는 것이 아니라고 여깁니다. 우리가 늘 세계 사물들만 바라보기에 그것을 실제로 존재하는 실유實有라고 여기지만, 그것들은 종이 위에 그려진 그림처럼 마음 안에서 업을 따라 만들어진 것, 마음을 떠나 그 자체로 존재하는 것이 아닌 것, 마음이 만든 가상이라는 것이지요.

가상	=	그림	=	세계: 업의 산물
↕		↕		↕ 생멸심
실재하는 것	=	빈 종이	=	진여심

세계가 마음이 만든 가상이라는 것이 바로 일체유심조一切唯心造입니다. '일체는 오직 마음이 만든 것'이란 뜻이지요. 세계는 마음이 만든 것이고, 따라서 그 마음을 떠나 따로 존재하지 않으며, 오직 그 세계를 감지하는 마음에 대해서만 존재한다는 것입니다. 한마디로 세계는 마음 밖의 실재가 아니라, 마음이 만든 가상이라는 것이지요. 그러면 우리의 일상의식은 반문할 것입니다. '우리가 실재하는 것이라고 여기는 이 세계가 어떻게 마음이 만든 가상일 수 있단 말인가?'

우리가 실재라고 생각하는 세계가 사실은 가상에 불과하다는 것을 보여주는 영화들이 있습니다. 일체유심조를 말해주는 영화라고 할 수 있지요. 대표적 영화가 바로 〈매트릭스〉(1999)입니다. 그 영화에서 주인공 네오가 경험하는 세계는 그에게 입력된 정보가 만들어내는 가상현실이지 객관적인 세계 자체가 아닙니다. 처음에 그는 그 사실을 모르고 가상현실을 실재하는 현실인 줄 여기면서 살아가지요. 마치 꿈을 꾸면서 꿈속에서 그게 실재인 줄로만 알고 바쁘게 돌아다니는 것과 같습니다. 우리가 살아가는 이 세계 또한 그런 매트릭스가 아닐까 생각해보게 만드는 영화이지요.

영화 〈인셉션〉(2010)에서 주인공이 드림머신을 타고 들어가는 세계도 타인의 꿈의 세계인 가상현실이지 객관적으로 실재하는 세계가 아닙니다. 그런데 영화 속 사람도 또 영화를 보고 있는 사람도 그것이 가상인지 아니면 실재인지 잘 분간하지 못하지요. 그래서 영화는 팽이가 돌아가고 있으면 그게 실재 아닌 가상현실임을 암시해주고 있습니다. 그리고 영화의 마지막 장면에 이 돌아가는 팽이가 나오지요. 마치 영화를 보고 있는 나를 둘러싼 세계 또한 꿈의 세계일 수 있음을 말하려는 듯합니다.

영화 〈인셉션〉에 등장하는 팽이

드라마 〈알함브라 궁전의 추억〉(2018~2019)에서 게임사용자가 특수한 렌즈를 장착하고 로그인해서 들어가는 세계도 우리가 실재라고 생각하는 객관 세계가 아니지요. 드라마의 게임 세계는 보통 게임에서처럼 2차원 모니터 평면 위에 펼쳐지는 세계도 아니고, 그렇다고 VR기기를 끼고 시각과 청각을 활용함으로써 마치 실재인 것처럼 느끼게 되는 단순한 가상현실VR, virtual reality도 아닙니다. 주인공이 로그인하여 들어가는 세계는 가상현실보다 한 걸음 더 나아간 소위 증강현실AR, augmented reality입니다. 즉 우리가 구체적으로 경험하는 이 세계에다 가상현실이 더해진 현실입니다. 말하자면 우리가 경험하는 이 세계에 홀로그램을 통한 가상물체가 겹쳐져서 나타나는 현실이지요.

드라마 〈알함브라 궁전의 추억〉의 한 장면

저 공간은 스페인 마드리드에 있는 어느 한 찻집입니다. 저 남자 주인공 앞에 앉아 있는 여인은 게임사용자의 게임 레벨이 최고로 높은 단계로 올라갔을 때만 나타나는 가상현실(증강현실) 속 여인입니다. 게임 레벨에 따라 렌즈가 계속 업그레이드되면서 게임사용자가 볼 수 있는 세계도 계속 변화해갑니다. 저 남자는 최고 레벨이 되어서 저 가상현실의 여인을 만날 수 있고 여인과 대화할 수도 있지만, 레벨이 높지 않은 사람은 렌즈를 끼고 저 찻집에 들어가도 저 여인을 만날 수가 없지요.

드라마에서 렌즈는 곧 한 세계를 실재하는 세계로 감지하게 만드는 감각능력, 감각기관, 인식기관에 해당한다고 볼 수 있습니다. 그리고 그 렌즈를 끼고 로그인해서 들어가게 되는 가상세계는 그 인식기관을 통해서만 접근할 수 있는 세계, 그 인식기관에 의해서만 감지되는 세계라고 할 수 있지요. 불교는 인식기관 내지 인식능력을 근根이라고 하고, 근에 상응해서 나타나는 대상세계를 경境이라고 합니다. 인간은 안眼·이耳·비鼻·설舌·신身·의意 6근을 가지고 있고, 따라서 그에 상응해서 나타나는 색色·성聲·향香·미味·촉觸·법法 6경의 세계를 경험하면서 살아가지요.

렌즈: 세계를 감지하는 인식기관	**– 근**
가상세계: 인식기관에 의해 감지되는 대상세계	**– 경**

물론 드라마에서는 몇 명의 게임사용자만 렌즈를 장착하여 그들만의 가상세계로 들어갑니다. 또 게임사용자는 렌즈를 꼈다 뺐다 할 수 있기에, 로그인했을 때의 가상세계와 로그아웃했을 때의 실재세계가 서로 다른 세계로 구분됩니다. 즉 가상과 실재가 구분되지요.

그런데 모든 인간이 태어날 때 병원에서 필수적으로 그런 렌즈를 장착하게 된다면, 그래서 모든 인간이 다 함께 가상세계로 로그인하게 된다면, 어떻게 될까요? 그리고 한번 낀 렌즈는 다시는 임의로 뺄 수 없게끔 영구적으로 장착되는 것이라면, 그래서 한번 그 세계에 로그인하면 다시는 로그아웃할 수 없게 된다면, 어떻게 될까요? 아마도 모든 인간이 그 공통의 가상세계에서 함께 살아가면서 그것이 로그인해서 보고 있는 가상세계라는 것을 아무도 알지 못하겠지요. 따라서 자신들이 경험하는 세계를 자신들의 근 바깥의 세계, 자신들의 마음 바깥의 객관세계라고 생각하면서 살아갈 것입니다.

지금 우리가 실재세계라고 생각하는 이 세계가 바로 그런 가상세계인 것은 아닐까요? 드라마에서의 렌즈가 이 세계에서 모든 인간이 가지고 있는 인간의 인식기관인 6근에 해당한다고 보면, 이 세계는 그런 가상세계와 다를 바가 없습니다. 다만 태어나고 나서 누군가에 의해 강제로 렌즈를 장착당하는 것이 아니라, 모든 인간이 자신의 업에 따라 인간용 렌즈를 장착하고 태어나는 것이라고 볼 수 있겠지요. 그리고 인간은 죽는 순간까지 인간의 인식기관인 6근을 갖고 살아갑니다. 즉 한번 낀 렌즈는 죽는 순간까지 영구적으로 장착되는 것이라고 볼 수 있겠지요.

이렇게 보면, 우리가 경험하는 이 세계는, 결국 우리 인간 모두가 함께 인간의 근을 갖고 로그인하여 들어온 세계, 매트릭스의 세계, 가상현실인 것입니다. 누구도 그 세계 바깥을 경험하지 못하므로 그 세계가 가상이 아닌 실재세계, 실유라고 여기는 것이지요.

실재가 아닌데도 실재라고 여기는 것을 불교는 허망한 생각, 허망한 견해, 즉 망견妄見이라고 합니다.《능엄경》은 망견을 개인적 망견과 한 종種의 보편적 망견으로 구분하면서, 그것을 각각 별업망견別業妄見과 동분망견同分妄見이라고 부릅니다.

망견

- 별업망견: 개별자 혼자 일으키는 망견
- 동분망견: 한 집단이 다 함께 일으키는 망견

눈앞에 있는 하나의 사물을 바라보면서 눈을 지긋이 압박하면, 그 하나의 것이 둘로 보입니다. 하늘에 달은 하나밖에 없는데, 누군가 그런 식으로 계속 자기 눈을 압박하면 하늘에 달이 두 개로 보이게 되지요. 그렇게 혼자 두 개의 달을 만들어 바라보면서 하늘에 달이 두 개라고 말한다면, 그것은 '별업망견'이 됩니다.

그런데 어떤 중생 부류가 모두 그런 식으로 자신들의 눈을 계속 압박해왔고, 그래서 다시 태어날 때 또 그렇게 압박된 눈을 근으로 갖고 태어나게 된다면, 그 중생들은 모두 하늘에 달이 둘이라고 여기겠지요. 그들은 죽을 때까지 모두 계속 그렇게 알고 살아갈 것입니다. 그렇지만 그것 또한 분명히 망견입니다. 같은 종류의 근을 가진 같은 부류의 중생을 불교는 '중동분衆同分'이라고 하고, 중동분 전체가 함께 갖는 망견을 '동분망견'이라고 합니다.

우리가 경험하는 이 세계를 우리의 마음과 무관하게 그 자체로 존재하는 실재라고 여기는 것은 우리 모두가 함께 가지는 망견인 동분망견에 해당합니다. 마음이 만들어놓고 그것을 마음 바깥의 실재라고 여기는 망견이지요.

마음의 심층구조

불교는 우리가 경험하는 이 세계가 마음이 만든 가상세계라고 말합니다. 그런데 별업망견은 망견을 가진 자 이외에 망견을 갖지 않은 자가 많이 있으니, 그것이 망견임을 아는 것이 어렵지 않지요. 그렇지만 동분망견은 모두가 망견을 공유하고 있으니, 그것이 망견임을 알아차리기 쉽지 않습니다. 모두가 같은 종류의 근根을 가지고 이 땅에 태어나서 죽을 때까지 같은 가상세계에 함께 살기 때문입니다. 매트릭스 세계 속에서 '이것이 매트릭스구나'를 알아차리기 어렵고, 꿈속에서 '이것이 꿈이구나'를 알기 어려운 것과 마찬가지입니다. 꿈이 꿈인 줄을 알려면 꿈에서 깨어나야만 하지요. 그런 것처럼 동분망견을 망견으로 알 수 있으려면, 즉 이 세계가 가상세계임을 알 수 있으려면, 꿈에서 깨어나는 일이 일어나야 합니다.

우리가 경험하는 세계가 바로 우리 자신의 마음이 만든 가상세계라는 것을 깨달은 사람들이 있었는데, 그들이 바로 요가를 수행하는 유가행파Yogacara 사람들이었습니다. 그들은 요가수행을 통해 이런 깨달음을 얻었던 것이지요. 이런 깨달음은 4~5세기에 이르러 이론적·체계적으로 정리되었는데, 그것이 바로 대승불교의 유식사상입니다. 유식唯識은 '오직 마음뿐'이라는 뜻이지요. 일체가 마음이 만든 것이기에 그 마음 바깥에 객관적 실재는 없다는 것이 유식무경唯識無境입니다. 즉 오직 식만 있고 식 바깥의 객관 대상은 없다는 것이지요. '유식'은 유식무경의 줄인 말이라고 할 수 있습니다.

수행을 통해서 그들이 깨달은 마음은 세계를 만드는 일체유심조의 마음 내지 유식무경의 마음이라고 할 수 있습니다. 일체유심조의 마음은 우리의 일상적 표층의식과는 다른 차원의 마음입니다. 표층의식은 의식 바깥의 세계를 객관 실재라고 이미 전제하고 작동하는 의식이지요. 반면 세계를 만드는 마음은 우리의 표층의식보다 더 깊은 심층에서 작동하는 식識입니다. 그렇기 때문에 우리의 의식은 그 심층의 마음활동을 쉽게 알아차리지 못하고, 그래서 우리는 세계를 식 바깥의 객관 실재라고 여기는 동분망견을 갖고 살아가게 되지요. 반면 수행자들은 표층의식 아래 깊이 감추어진 심층마음을 알아차리게 되었고, 그 식이 현상세계를 형성한다는 것을 알게 되었습니다. 그들은 그 식을 아뢰야식阿賴耶識이라고 불렀습니다.

앞서 언급했던 그림의 비유로 말하자면, 일반 사람들은 종이 위의 그림만 보고 그것이 실재인 줄 아는 데 반해, 수행자들은 그림의 바탕이 되는 빈 종이, 그림에 가려진 빈 종이를 본 것이라고 할 수 있습니다. 그래서 그림이 그 자체 존재가 아니라, 종이 위의 그림이라는 것, 종이를 떠나서는 따로 있지 않은 가상세계라는 것을 알게 된 것이라고 할 수 있지요. 그림의 바탕이 되는 빈 종이가 바로 그림을 보고 있는 우리 자신의 심층마음, 아뢰야식이라는 것을 깨달은 것입니다.

아뢰야식의 아뢰야는 범어 '알라야alaya'의 음역입니다. 알라야는 '쌓다' '거두다' '함장含藏하다'라는 의미이지요. 그러므로 아뢰야식을 의역하여 함장식 또는 장식藏識이라고 부르기도 합니다. 아뢰야식은 그 안에 무엇인가를 함장하고 있는 식이지요. 그렇다면 아뢰야식은 무엇을 함장한 것일까요? 아뢰야식은 경험을 통해 얻은 정보를 함장하고 있습니다. 유식은 경험을 통해 얻은 정보를 종자種子라고 부릅니다. 나무가 씨앗을 남기고 그 씨앗 안에 나무의 정보가 모두 들어 있는 것처럼, 인간의 경험, 행위, 업이 남기는 힘, 에너지, 업력을 씨앗, 즉 종자라고 부르는 것입니다. 이 아뢰야식은 과연 어떤 식일까요?

유식은 우주 만물이 식識을 떠나 따로 존재하는 것이 아니라고 봅니다. 그렇게 일체를 식으로 설명하니까 식이 복잡할 수밖에 없지요. 유식은 인간의 식을 심층적으로 이해합니다. 유식이 행하는 식의 심층적 분석을 따라가봅시다.

① 식은 일단 인식기관인 근根이 그에 상응하는 대상인 경境을 인지하는 방식으로 일어납니다. 감각기관인 안·이·비·설·신(눈·귀·코·혀·몸) 각각의 근은 그 각각에 상응하는 각각의 경인 색·성·향·미·촉(색깔·소리·향기·맛·감촉)을 감각하지요. 그것이 감각에 해당하는 5감感 내지 5식識입니다. 그 다음의 식인 제6식 앞의 5식이란 의미에서 불교는 이 식을 전5식前五識이라고 부릅니다.

② 그런데 우리의 인식은 감각인 전5식만으로 완성되지 않습니다. 다양한 감각기관을 통해 주어진 여러 감각자료를 한데 모아서 생각하고 판단해야 소위 객관적 인식이 이루어집니다. 그러자면 다양한 감각자료를 종합하여 인식하는 사유

능력, 사유기관이 있어야 되겠지요. 이 여섯 번째 근, 제6근을 불교는 뜻, 의意라고 부릅니다. 이 의근에 의거해서 일어나는 식을 근의 이름을 따라 '의意의 식'이라는 의미에서 '의식意識'이라고 부릅니다. 5감 다음의 식이므로 제6의식이라고 하지요. 의식에 상응하는 제6경은 법경法境인데, 의식은 법경뿐 아니라 감각의 5경까지도 모두 의식합니다. 따라서 의식의 대상은 감각의 5경에다 법경을 더한 6경이 됩니다. 6경을 '먼지들의 쌓임'이란 의미에서 6진塵이라고도 하지요.

③ 우리의 식은 감각과 의식으로 끝나지 않습니다. 전5식은 각각의 경을 감각하는 식이고, 제6의식은 5경을 포함한 일체 대상, 6경을 아는 식인 대상의식이지요. 그런데 의식은 의근이 대상을 아는 식이지, 대상을 아는 의 자신을 아는 식은 아닙니다. 유식에서는 의식의 근이 되는 의가 자신을 아는 식을 제6의식 다음의 제7식이라고 하며, 이것을 의意의 범어 마나스manas를 그대로 음역해서 '말나식末那識'이라고 부릅니다. 이것이 제6의식 다음의 제7말나식입니다. 제7말나식은 의의 자기의식, 의가 자신을 자아로 여기는 식, '나는 나다'의 자아식입니다. 개별적 자아식, 분별적 자아식이라고 할 수 있지요. 소위 '개별 의지'라고 볼 수 있습니다. 불교는 대상의식인 제

6의식은 제7말나식의 '나는 나다'라는 아상我相과 아집我執에 근거한 식이라고 말합니다.

④ 유식에 따르면, 우리의 식은 감각, 의식, 말나식으로 끝나지 않습니다. 감각, 의식, 말나식의 활동이 곧 경험인데, 그러한 경험을 통해 남겨지는 정보인 종자를 함장하고 있는 식이 바로 제8아뢰야식입니다. 이 아뢰야식을 좀 더 자세히 살펴보기에 앞서 이상 언급한 식을 정리하면 다음과 같습니다.

인식기관(근)	인식대상(경)	식
안(눈) 이(귀) 비(코) 설(혀) 신(몸)	색(색깔) 성(소리) 향(냄새) 미(맛) 촉(감촉)	① 전5식: 감각
의(뜻)	법 + 5경	② 제6의식: 대상의식
의(뜻)		③ 제7말나식: 자아식
종자를 함장하고 있는 식		④ 제8아뢰야식: 장식

식을 다시 숫자를 따라 간략히 정리하면 다음과 같습니다.

① 전5식: 감각

② 제6의식: 대상의식(개념적 지각 · 판단 · 추리)

③ 제7말나식: 자아식('나는 나다'라는 개별 의지)

④ 제8아뢰야식: 업력, 정보, 종자의 저장소

그렇다면 식은 제8식으로 끝일까요? 대승불교 중에는 제8식 다음에 제9식을 설정하는 종파도 있습니다. 그들은 제8아뢰야식을 번뇌에 물든 염오식染汚識 내지 허망한 망식妄識으로 간주하기 때문에, 인간에게 있는 본래 부처의 마음, 번뇌에 물들지 않은 청정한 마음을 제8식 다음의 제9식으로 설정합니다. 때(mala) 없는(a) 무구無垢 'a-mala'를 '아마라' 또는 '아말라'로 음역하여 제9식을 '아마라식阿摩羅識' 또는 '아말라식阿末羅識'이라고 부릅니다. 그러나 유식은 우리 마음의 염오와 청정을 제8아뢰야식의 두 측면으로 봅니다. 아뢰야식이 염오식이 되는 것은 아뢰야식 안에 함장되는 종자가 우리의 번뇌적 업에 의해 남겨지는 번뇌종자이기 때문이지요. 그렇지만 그런 종자를 함장하고 있는 제8식 자체는 번뇌 너머의 식, 청정식이라는 것입니다.[1] 이와 같이 유식은 염오와 청정을 제

1 제8식 안에 함장되는 종자와 그런 종자를 함장하는 제8식 자체의 구분에 대해서는 '공적영지의 마음'에서 더 상세히 논한다.

8식의 두 측면으로 보기에, 제8식 너머에 제9식을 따로 설정하지 않습니다. 그러므로 유식에서 인간의 식은 총 여덟 가지 식, 8식이 전부입니다.

제8아리야식

- **아리야식 내 종자: 번뇌종자 – 염오식**
- **아리야식 자체: 번뇌 너머의 식 – 청정식**

마음은 어떻게 나와 세계를 만들까

존재와 인식의 순환

세계의 경험(인식)과 경험된 세계(존재) 사이에는 순환 관계가 있습니다. ① 우리는 우리 눈앞에 존재하는 세계를 이런저런 것으로 경험합니다. 즉 세계를 지각하고 분별하지요. 그러면 그렇게 경험된 내용이 우리 안에 정보로 축적됩니다. ② 그렇게 축적된 정보는 우리 안에서 일정한 개념틀 내지 인식틀을 형성해 나갑니다. ③ 그리고 그렇게 형성된 인식틀 내지 개념틀은 다시 세계를 보는 우리의 경험을 규정합니다. 다시 말해 ① 경험을 통해 정보가 축적되고, ② 그 정보가 개념틀을 이루며, ③ 그 개념틀이 다시 우리의 경험을 규정하지요. 그리고 이러한 과정이 동일한 패턴으로 계속 반복됩니다.

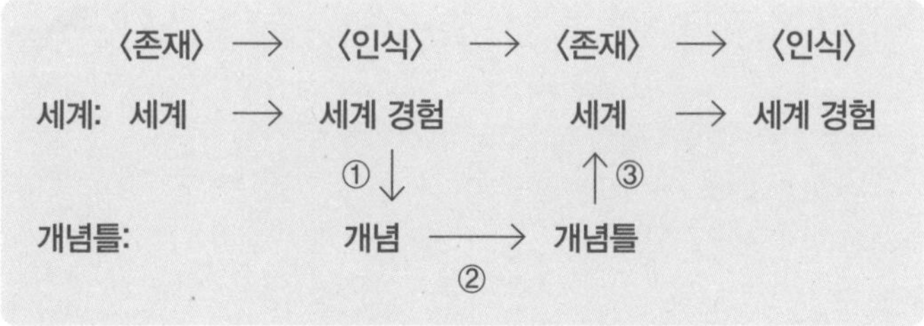

이러한 순환의 반복이 말해주는 것은 무엇일까요? 우리가 일상적으로 경험하는 세계, 우리의 인식 바깥에 그 자체로 실재한다고 여겨지는 세계도 사실은 우리 자신의 인식틀 내지 개념틀에 따라 이러저러하게 규정된 세계라는 것을 말해줍니다. 이러한 인식상의 순환은 마치 ① 한 그루의 나무로부터 꽃이 피고 열매가 생겨 그 씨앗이 땅에 떨어지면, ② 그 씨앗이 겨우내 땅속에서 지내다가, ③ 다시 때가 되면 그 씨앗 안에 담겨 있던 모든 정보가 다시 그다음의 나무로 성장하는 것과 같습니다. 이 경우에도 이러한 순환의 반복을 통해 우리는 처음의 나무 또한 그 앞의 씨앗에 들어 있던 무수한 정보로부터 발현되어 나무로 자라난 것임을 알 수 있지요.

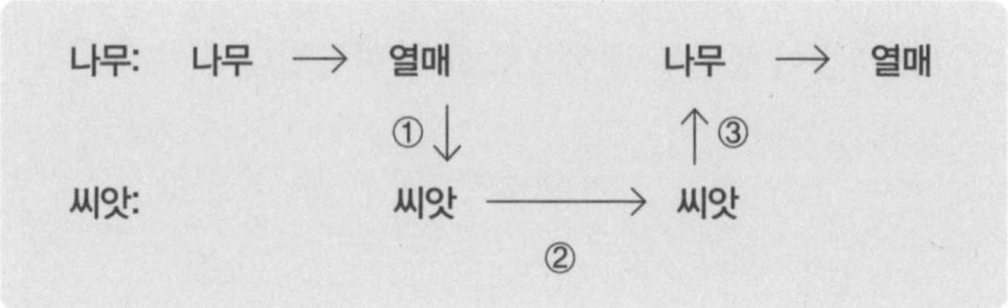

유식은 ① 우리의 세계 경험으로부터 정보(종자)가 남겨지는 과정을 현행훈종자現行熏種子라고 하고, ② 그렇게 축적된 종자가 다시 세계로 현행화하기까지 머물러 있는 시기의 활동을 종자생종자種子生種子라고 하며, ③ 그렇게 힘을 갖춘 종자로부터 다시 세계가 형성되는 과정을 종자생현행種子生現行이라고 부릅니다.

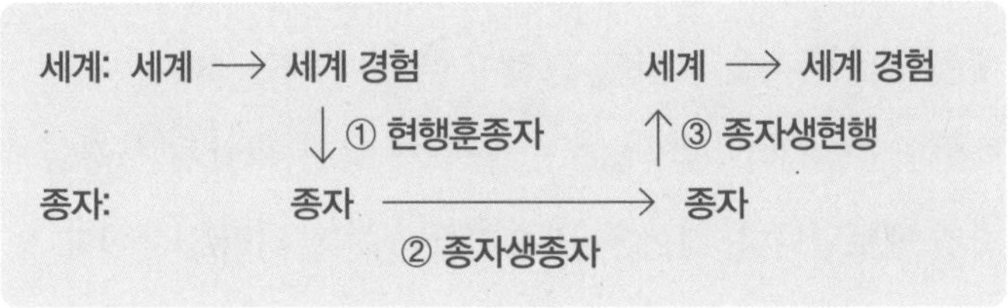

이제 이 세 단계의 과정을 차례대로 살펴봅시다.

① 현행훈종자에서 '현행現行'은 현실적으로 실행되는 식이라는 의미에서 현행식現行識을 뜻합니다. 세계를 경험하는 식, 즉 우리의 일곱 가지 표층식인 감각과 의식과 말나식이 모두 종자를 남기는 현행식입니다.

현행훈종자의 '훈熏'은 훈습熏習의 훈입니다. 나무가 씨앗을 남기듯이, 현행식이 그 식의 활동으로부터 얻어진 정보를 남기는 것을 '훈습'이라고 합니다. 훈熏은 '그을리다' '스며들다'를 의미하고, 습習은 '습관'을 의미합니다. 향을 피워놓은 방에 옷을 걸어두면, 향내가 그 옷에 스며들어 옷에서도 향내가 나게 되지요. 그렇게 향내가 옷에 스며들듯이, 현행식으로부터 아뢰야식에 정보가 스며드는 것, 종자가 심겨지는 것을 '훈'이라고 합니다. 종자가 심겨지면, 그것은 결국 그 중생의 습관이 되지요. 그래서 종자를 습이 된 기운이란 의미에서 '습기習氣'라고도 합니다. 현행식의 경험이 우리의 심층마음에 경험의 흔적을 남기고, 그것이 곧 습이 되는 것입니다.

현행훈종자의 '종자種子'는 나무가 남긴 씨앗처럼 경험이 남긴 정보입니다. 경험은 곧 우리가 짓는 행위인 업業이고, 업은 그 결과인 보報를 낳을 힘인 업력業力을 지니고 있습니다. 그런데 업의 결과인 보는 업에 이어 바로 일어날 수도 있지만, 한참 뒤에 일어날 수도 있습니다. 한참 뒤에 일어날 경우에도 그 보가 일어나기까지 그 보를 낳을 힘은 유지되어야겠지요. 그렇게 업의 힘인 업력을 유지하고 간직하는 것이 바로 종자입니다. 나무가 남겨놓은 씨앗 안에 그 씨앗이 적절한 때에 다시 나무로 자라날 수 있는 힘이 간직되어 있는 것과 같은 것이지요. 그래서 업력을 간직하고 있는 것을 '종자'라고 부릅니다.

② 종자생종자는 아뢰야식 내에 훈습되어 있는 종자들의 존재방식을 말합니다. 나무에서 떨어진 씨앗은 꽃이나 열매처럼 공기 중에 머물러 있으면 생명력을 유지하지 못하지요. 씨앗은 눈에 보이지 않는 땅 밑에 감추어져 있어야 그 생명력이 보존됩니다. 마찬가지로 경험이 남긴 정보, 현행식이 남긴 종자는 현행하는 식보다 더 깊이 감추어져 있어야 합니다. 그래서 종자를 함장하는 식은 표층의식이 아니라 그보다 더 깊이 의식의 문턱 아래에 감추어져 있는 심층 아뢰야식인 것입니다.

종자들은 아뢰야식 안에서 찰나생멸을 거듭하면서 새로운 역량을 갖춘 종자로 성장하게 됩니다. 가을에 땅 밑에 떨어진 씨앗이 봄에 새싹으로 돋아나기까지 겨울 동안 정지해 있는 것이 아니라, 살아서 생멸을 거듭하면서 새로운 힘을 갖추게 되는 것과 같은 것이지요. 아뢰야식에 훈습된 종자는 아뢰야식 안에서 각각의 종자, 각각의 정보로 흩어져 있는 것이 아니라 서로 간에 에너지를 주고받으면서 서로 연결되고 결합되는 과정을 거칩니다. 그러면서 함께 보를 낳을 힘을 갖춰나가는 것이지요. 여러 다양한 방식으로 축적된 정보 내지 종자들이 아뢰야식에 모여들어 일정한 인식틀을 형성하고, 결국 인식능력인 근根과 그에 상응하는 인식대상인 경境을 형성해 나갈 힘을 갖추는 과정이라고 볼 수 있습니다.

③ 종자생현행은 아뢰야식 안에서 힘을 기른 종자들이 다시 구체적인 현실로 현재화·현실화하는 것을 의미합니다. 이것을 종자의 '현행화現行化'라고 하지요. 나무의 씨앗이 땅 아래 머물러 있다가 봄이 되면 싹을 틔워 나무로 자라나듯이, 아뢰야식 안에 축적되어 있던 업력의 종자, 정보도 그 식 안에 머물러 있다가 여러 조건이 갖추어지면 다시 구체적 모습으로 드러납니다. 종자가 현행화하고 구체화하는 것이지요.

아뢰야식 내에 함장되어 있던 종자의 현행화를 유식은 아뢰야식이 구르고 변화하여 구체적 현실로 나타난다는 의미에서 전변轉變 또는 변현變現이라고도 부릅니다. 씨앗 안에 들어 있던 나무의 정보가 구체적 나무로 변환되는 과정과 같지요. 식은 능히 전변하는 식, 능변식能變識이라고 하고, 그 식의 전변에 의해 나타나는 것들을 피동의 소所를 써서 식소변識所變이라고 부릅니다.

다시 정리하자면, ① 우리가 세계를 경험하고 업을 지으면 그 업의 세력인 업력의 종자가 아뢰야식에 심겨지고(현행훈종자), ② 그렇게 심겨진 종자들이 아뢰야식 안에서 생멸을 거듭하며 성숙하다가(종자생종자), ③ 인연이 갖추어지면 그 에너지들이 다시 구체화되고 현실화되어 나와 세계의 모습으로 드러나게 됩니다(종자생현행).

① 현행훈종자의 과정을 보면, 세계는 우선 그 자체로 존재하고 우리는 그 세계를 경험함으로써 종자를 남기므로, 세계의 존재가 우리의 경험을 규정하는 것이 됩니다. 이 과정만 보면 우리의 마음 바깥에 객관적 세계 자체가 존재하는 것처럼 여겨집니다. 따라서 마음 바깥에 세계의 존재를 설정하는 소위 실재론 내지 경험주의적 관점이 타당한 것처럼 보이지요.

그러나 ③ 종자생현행의 과정을 보면, 그 세계 자체는 우리의 아뢰야식 내 종자가 현행화하여 드러난 전변의 결과, 식소변일 뿐입니다. 이 과정만 보면 마음 안의 관념, 개념, 정보, 종자가 세계 존재를 규정하는 것이지요. 이렇게 보면 개념 내지 관념이 세계를 규정한다고 논하는 소위 관념론 내지 선험주의적 관점이 맞는 것처럼 보입니다.[1]

1 관념론 내지 선험주의적 관점을 설득력 있게 견지하기 위해서는 세계의 정보(종자)를 남기는 식(표층식)과 그 정보로부터 다시 세계를 형성하는 식(심층식)의 차이를 정확하게 파악해야 한다. 버클리 G. Berkeley는 '존재하는 것은 지각된 것이다 esse est percipi'라고 하여 세계가 지각자의 관념 너머의 객관 실재가 아니라는 의미에서 관념론을 주장하지만, 인간의 지각을 표층의식의 지각으로만 간주하고 심층 아뢰야식의 활동을 알지 못했기에, 결국 존재와 등치될 수 있는 지각을 인간의 지각이 아닌 신神의 지각으로 설명하고 만다. 그렇게 되면 세계는 신의 지각 안에 존재하되 인간의 지

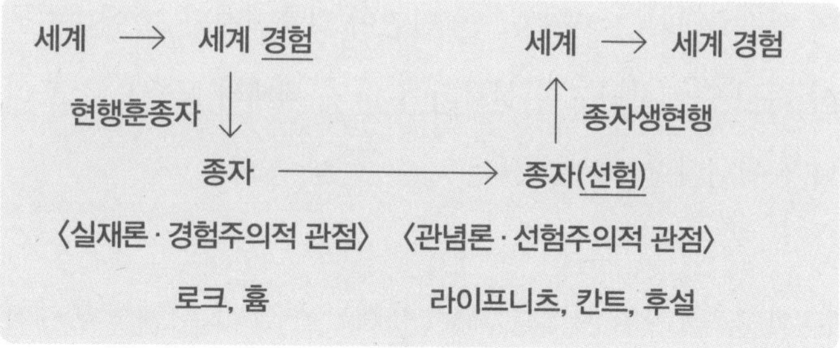

유식은 이 두 과정 중 어느 하나도 놓치지 않고 함께 말합니다. ① 현행으로부터 종자가 심겨진다는 것은 경험이 선험을 규정한다는 것이고, ③ 종자로부터 현행이 생긴다는 것은 선험이 경험을 규정한다는 말입니다. 결국 둘이 순환을 이루는 것이지요.[2] 유식이 밝히는 이러한 순환을 통해 우리는 다음을 알 수 있습니다. (경험주의적 관점과 달리) 우리가 표층의식의 눈으로 보아 그 자체 실재라고 여기는 각자의 몸과 그 몸들을 둘러싼 하나의 세계, 이것이 절대적 출발이 아니라는 것입니

각에 대해서는 그 지각 너머의 실재가 되어, 그의 본래 주장의 의미를 퇴색시키는 결과를 낳았다. 서양철학자 중에서 인간에게 표층의식보다 더 깊은 심층마음의 활동이 있다는 것을 처음으로 발견한 사람은 라이프니츠G. W. Leibniz이다. 그는 의식되지 않는 심층마음의 활동을 '미세지각petite perception'이라고 불렀다. 그러나 그는 세계가 관념(종자)의 전변 결과라는 것만 알았지, 그 관념이 어떻게 해서 주어지는지를 알지 못했다. 전변 결과로 드러난 세계 속 경험이 다시 새로운 관념을 남긴다는 것을 알지 못하고, 그는 신이 각각의 개별 실체인 모나드Monad를 창조할 때 각 모나드에게 세계로 변현할 모든 관념을 미리 넣어준다고 여겼고, 따라서 각 모나드는 세계와 소통할 필요가 없는 '창 없는 모나드'라고 주장하였다. 각 모나드가 경험하는 세계를 그 모나드들이 공유한다는 것, 따라서 그 세계 경험으로부터 공통의 종자를 훈습받고 그래서 다시 공통의 세계로 변현한다는 것을 생각하지 못하고, 각각의 모나드를 서로 고립된 실체로 간주하는 유아론唯我論에 빠진 것이다.

2 이것은 서양철학에서의 '해석학적 순환'에 해당한다.

다. 근과 경, 나와 세계는 순환구조 속에 드러나는 한 단면일 뿐이지요. 즉 현재의 근과 경은 과거 경험의 산물로서 심층 아뢰야식에 함장되어 있던 종자들이 구체화된 것, 아뢰야식의 전변 결과인 식소변일 뿐입니다. 한마디로 우리의 인식틀을 떠난 객관적 실재 자체가 아닌 것이지요. 나아가 (선험주의적 관점과 달리) 우리의 근과 경을 규정하는 선험적 인식틀 또한 결코 객관적·절대적 인식틀이 아니라는 것입니다. 그것은 이전의 경험을 통해 축적된 정보(종자)로부터 만들어진 것이고, 따라서 경험이 더 많이 쌓이고 정보가 더 많이 축적되면 또다시 다른 양태로 얼마든지 변화해갈 수 있는 것이지요.[3]

분명한 것은 인식틀의 변경을 가져올 수 있는 경험이라고 해서 그 경험 자체가 우리의 인식틀을 벗어난 순수 객관적 경험은 아니라는 것입니다. 경험은 우리 자신의 근과 경에 기반해서 일어나며, 우리의 근과 경은 이미 우리의 아뢰야식 내 종자의 변현 결과로서 형성된 것이지요. 결국 아뢰야식을 떠난 세계 자체란 존재하지 않습니다. 현재 시점에서 볼 때 세

3 서양 중세나 근세 합리론자들은 인간이 세계를 보는 기본적 인식틀이 되는 본유관념을 신神이 인간 영혼(이성)에 직접 넣어준 선천적이고 생득적인 관념으로 간주하였다. 인간이 세계를 보는 인식틀이 신이 인간에게 부여해준 선천적이고 절대적인 것이 아니라, 단지 인간의 인식활동에서 작동하는 인간 자신의 선험적 인식형식에 불과하다는 것을 처음으로 분명하게 밝힌 철학자가 바로 칸트이다. 그러나 그는 경험에 앞선 선험적 관념의 기원이 신이 아닌 인간이라는 것은 밝혔지만, 그러한 인식틀의 역사성 내지 변화가능성은 함께 논하지 못했다는 한계가 있다.

계가 그 자체로 존재해서 현재의 경험이 이루어지는 것 같지만, 그 세계는 과거의 경험을 통해 내게 심겨진 종자의 현행화 결과입니다. 말하자면 아뢰야식 내 종자의 현실화로 세계가 만들어지고, 그 세계 속 나는 그 세계를 경험하면서 업을 지어 종자를 남기고, 다시 그 종자가 또 그다음의 세계를 만들고, 그럼 그 세계 속 나는 다시 그 세계를 경험하고 … 그렇게 동일한 패턴이 반복되는 것이지요. 그런 반복으로 세계와 세계의 경험, 존재와 인식이 나선형 원을 그리면서 조금씩 변화해갑니다. 바로 이런 의미에서 오직 식만 있고 식을 떠난 객관 대상이 따로 없다는 유식무경이 성립합니다.

나와 세계

세계에 대한 경험은 우리의 표층 현행식에서 일어나므로 누구나 쉽게 의식하지만, 종자의 훈습과 현행은 심층마음에서 일어나므로 일반 표층의식이 잘 알아차리지 못합니다. 따라서 우리의 표층의식인 일상적 의식은 경험주의적 관점을 취하게 되고, 그렇게 세계를 마음 바깥에 따로 존재하는 객관 실재, 실유實有라고 생각하지요.

그러나 유식은 우리가 실유라고 생각하는 나와 세계가 사실은 아뢰야식이 만든 세계, 가유假有의 세계, 가상현실이라고 밝힙니다. 표층의식이 실유라고 여기는 것이 실은 심층 아뢰야식이 만든 가상현실이라는 것이지요. 그 가상현실 속에 등장하는 나를 '근을 가진 몸'이라는 의미에서 유근신有根身이라고 하고, 나를 둘러싼 세계를 유근신들이 의거해서 사는 '그릇으로서의 세계'라는 의미에서 기세간器世間이라고 합니다. 유식에 따르면, 나와 세계, 유근신과 기세간은 모두 아뢰야식 내 종자가 구체화되고 현행화하여 드러난 결과물이지요. 앞서 설명한 아뢰야식의 전변 과정, '종자생현행'의 과정이 곧 아뢰야식 내 종자가 구체화하여 나와 세계, 유근신과 기세간으로 변현하는 과정인 것입니다. 이처럼 표층의식은 나와 세계를 실유라고 여기지만, 사실은 심층 아뢰야식의 전변의 산물인 식소변이며, 그런 의미에서 가유인 것입니다. 심층 아뢰야식이 전변하여 표층의 나와 세계, 유근신과 기세간을 형성하는 것은 다음과 같이 도표화해볼 수 있습니다.

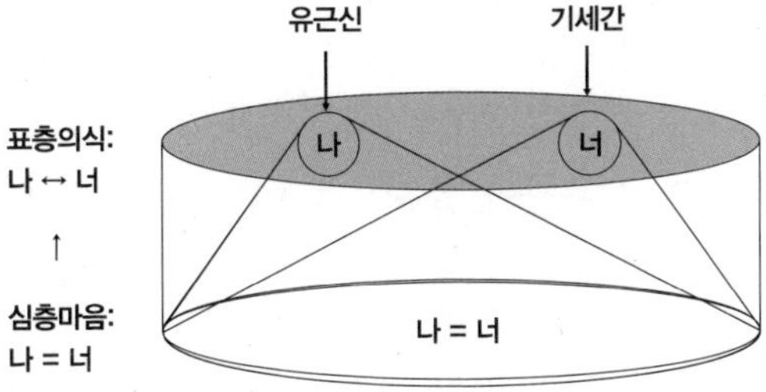

우리의 일상의식인 표층의식의 관점에서 보면, 나와 세계는 그 자체로 존재하는 것입니다. 그래서 우리는 일상적으로 아我와 법法, 나와 세계가 우리 마음과 무관하게 그 자체로 실재하는 실아實我와 실법實法이라고 여깁니다. 그리고 그러한 나와 세계, 실아와 실법에 대한 집착인 아집我執과 법집法執을 갖고 살아가지요.

표층의식이 보는 나와 세계

나	세계	
실아	실법	실유로 간주
아집	법집	2집을 가짐

그러나 심층마음의 눈으로 보면, 나와 세계, 유근신과 기세간은 모두 식을 떠난 객관 실재가 아닙니다. 나와 세계, 즉 각각의 개별적 몸인 유근신과 그 유근신들이 그 안에 함께 머무르는 공통의 세계인 기세간은 심층마음이 전변한 결과인 식소변입니다. 같은 종류의 근을 가진 중동분이 공유하는 세계이기에 마치 그것을 객관적 실유인 듯 여기는 동분망견을 갖고 살아가지만, 사실은 모두 우리 각자가 만들어내는 가상현실인 것이지요. 유근신을 업의 정당한 보라는 의미에서 정보正

報라고 하고, 기세간을 정보의 유근신들이 의거하여 사는 곳이라는 의미에서 의보依報라고 합니다. 둘 다 식에 의해서만 존재하는 가상적 존재 즉 가유假有이기에, 각각 실아實我 · 실법實法이 아닌 가아假我 · 가법假法이라고 합니다.

심층마음이 보는 나와 세계

나	세계	
유근신	기세간	아뢰야식의 식소변
정보	의보	업의 보
가아	가법	가유로 간주

유근신(나)이 아뢰야식의 식소변이라는 것은 무슨 의미일까요? '유근신有根身'은 문자 그대로 '근根을 가진 몸'이라는 뜻이고, 근은 곧 인식기관 내지 감지능력을 뜻합니다. 유근신이 식소변이라는 것은 우리의 인식기관인 근이 식 바깥에 그 자체로 존재하는 객관 실유가 아니라, 식 안에 축적되어 있던 종자(정보)의 발현이라는 것, 식의 전변 결과라는 것을 의미합니다. 아뢰야식 안에 함장되어 있던 종자가 현행화한 결과라는 것이지요. 이러한 사실을 확증하는 예들은 일상 경험에서도 발견됩니다. 예를 들어, 미세한 와인 맛의 차이를 잘 감

별해내는 소믈리에의 인식능력은 다양한 맛의 와인을 무수히 마셔봄으로써 비로소 갖춰지는 것이지요. 와인을 마시는 경험을 통해 정보(종자)들이 축적됨으로써 비로소 그 맛의 차이를 감별해내는 능력이 생겨나는 것입니다. 마찬가지로 노래소리를 잘 분간해내는 귀명창의 인지능력도 수많은 다양한 소리를 무수히 들음으로써, 소리의 정보를 담은 종자들이 무수히 축적됨으로써 비로소 형성되는 것이지요. 그렇게 근은 경험을 통해 축적된 종자가 만들어내는 것입니다. 그러므로 경험이 장기간 계속되지 않을 경우, 그래서 종자가 축적되지 않을 경우, 결국은 이미 있던 근도 사라지게 된다고 볼 수 있습니다. 예를 들어, 박쥐는 본래 보는 능력인 안근이 있었지만, 긴 세월 동안 대대로 빛이 없는 동굴에 살면서 색을 보지 않음으로써 색의 종자를 훈습하지 못하였기에, 결국 안근이 퇴화한 것이라고 할 수 있지요.

유근신뿐 아니라 기세간도 마찬가지로 아뢰야식의 식소변입니다. 기세간은 우리가 그 안에 살면서 경험하는 세계, 우리의 경험대상이 되는 세계이지요. 기세간이 아뢰야식의 식소변이라는 것은 우리가 경험하는 세계는 결국 우리의 근과 상응해서 존재하는 세계, 근을 떠나서는 따로 존재하지 않는 가상현실이라는 뜻입니다. 인식대상인 경境은 각 중생의 인식 능력인 근에 상응해서만 존재하는 것이지요. 따라서 근과 마찬가지로 아뢰야식 내 종자의 현행화 결과라고 할 수 있습니다. 기세간이 식이 만든 가상현실이라는 것을 잘 드러내는 것이 바로 유식이 말하는 일수사견一水四見입니다. 물은 인간에게는 마실 수 있어도 그 안에서는 살 수 없는 것이지만, 물고기에게 물은 그 안에서 살아 숨 쉬게 하는 거주공간이 되지요. 또 천사에게는 보석처럼 빛나는 것이지만, 아귀에게는 피고름처럼 끈적거리는 것입니다. 그렇게 각 중생에게 세계가 달리 나타나는 것은 각 중생이 보는 세계가 바로 그 중생의 마음이 만드는 것이기 때문입니다. 그러니까 그 마음에 대해서만 그렇게 존재하는 것으로 나타나는 세계, 마음이 만든 세계, 가상현실인 것이지요. 세계는 그렇게 심층식이 만든 세계, 그 마음에만 드러나는 세계인 것입니다. 그래서 기세간을 심층 아뢰야식이 만든 가상현실, 아뢰야식의 식소변이라고 합니다.

꿈에서 깨어나는 길

꿈의 비유

나와 세계, 유근신과 기세간이 모두 아뢰야식의 식소변이라는 것이 궁극적으로 의미하는 바는 무엇일까요? 심층 아뢰야식이 세계(기세간)와 그 세계 속의 나(유근신)를 만든다는 것은 마치 꿈꾸는 식이 꿈의 세계와 그 꿈의 세계 속의 나를 만들어내는 것과 같습니다. 잠자면서 의식이 꿈의 세계에 머물러 있는 한, 나는 그게 꿈인 줄을 모르고 그 세계가 마치 그 자체로 실재하는 객관세계인 줄 알고 그 세계 속을 이리저리 분주히 돌아다니지요.

마찬가지로 심층 아뢰야식이 표층의 나와 세계를 만들어내는데, 나의 의식이 표층의식에만 머물러 있으면, 나는 나와 세계, 아我와 법法이 나의 심층식이 만든 가상현실이라는 것을 모르고, 그 자체를 객관 실유라고 생각하며 이리저리 집착하면서 살아갑니다. 그렇게 실아·실법의 집착을 갖고 행위하여 업을 지으면, 그 업이 다시 업력인 종자를 남기지요. 그리고 그렇게 축적된 종자는 다시 또 나와 세계로 현실화됩니다. 이런 방식으로 생사윤회가 반복됩니다.

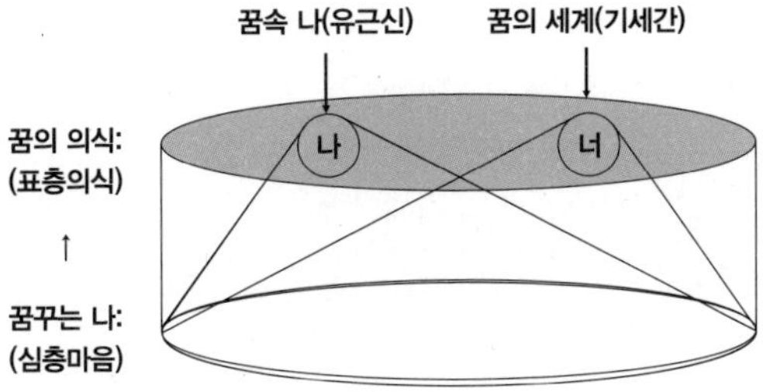

이러한 꿈의 세계는 어떻게 해서 지속되는 것일까요? 아집과 법집은 어떻게 해서 만들어지는 것일까요? '꿈꾸는 나'의 활동으로 꿈이 시작되면, '꿈속 나'를 포함하는 '꿈의 세계'가 펼쳐집니다. 그런데 그 꿈에 머물러 있는 한, 나는 분명 '꿈꾸는 나'로 활동하고 있으면서도 자신을 '꿈속 나'라고 착각하지요. 이와 마찬가지로, 아뢰야식이 활동함으로써 유근신을 포함한 기세간이 만들어집니다. 그런데 표층의식에 머물러 있는 한, 나는 아뢰야식으로 활동하고 있으면서도 자신을 그 활동 산물인 유근신이라고 착각하지요. 이것은 마치 화가가 그림 속에 자기를 그려놓고는 자신을 그림 속 자아로 착각하는 것과

같습니다. 왜 이렇게 착각하는 것일까요? 이런 착각이 어디에서 일어나는 것일까요? 유식에 따르면, 이와 같은 착각을 일으키는 식이 바로 제7말나식입니다.

'꿈꾸는 나'로 활동하여	→	꿈의 세계와 '꿈속 나'를 만들고는	→	자신을 '꿈속 나'로 착각
'아뢰야식'으로 활동하여	→	기세간과 '유근신'을 만들고는	→	자신을 '유근신'으로 착각
'화가'가 그림을 그리면서	→	그림과 '그림 속 자기'를 그리고는	→	자신을 '그림 속 자기'로 착각

제7말나식은 대상의식인 제6의식을 일으키는 근根인 의意의 자기의식입니다. 바로 '나는 나다'라는 아견我見을 일으키는 자아식이지요. 말나식은 아뢰야식에 의거하여 일어나서 다시 그 아뢰야식의 견분見分(대상을 인식하는 주관)을 반연하여 자신으로 아는 식입니다. 문제는 아뢰야식의 견분을 반연하여 자기로 아는 과정에서 착각 내지 오인이 발생한다는 것입니다. 즉 아뢰야식의 견분을 반연하여 자기로 알면 자기를 아뢰야식의 견분으로 알아야 하는데, 그렇지 않고 자기를 오히려 개

별자아인 유근신의 견분으로 아는 것입니다. 결국 말나식이 반연한 것, 인식하고자 하는 것인 소량(x)과 그 인식 결과 자기로 알게 된 것인 량과(y)가 일치하지 않는 것이지요.

말나식의 활동

x를	y로	알다
아뢰야식의 견분 세계로 전변하는 식 (꿈꾸는 나)	유근신(나)의 견분 세계 속 나의 식 (꿈속 나)	

말나식은 세계 전체를 형성해내는 아뢰야식의 시선(견분)을 붙잡아, 그것을 그렇게 형성된 세계 속 나(유근신)의 시선, 의식의 시선으로 착각하는 식입니다. 아뢰야식의 시선을 의意 자신이 일으키는 제6의식의 시선으로 오인하는 것이지요. 어떻게 그런 착각이 가능할까요? 둘 다 세계를 바라보는 시선이기에 가능합니다. 아뢰야식의 시선은 상분相分(인식 주관에 드러난 대상) 즉 나와 세계를 만들어내는 시선이고, 세계 속 나의 시선은 세계를 전제하고서 거기에 이끌리는 시선이지요. 아뢰야식의 시선을 유근신의 시선으로 오인하는 것은 의가 스스로를 실재하는 실체적 자아로 집착하여 자신을 시선의 주

체로 여기기 때문입니다. 그래서 유식은 말나식을 '나는 나다'를 고집하는 아견과 아집의 식이라고 합니다.

이것은 마치 꿈속 자의식이 꿈꾸는 마음에 의거해서 일어나서 그 꿈꾸는 마음을 반연하되, 스스로를 꿈꾸는 마음이 아닌 꿈속 나로 아는 것과 같습니다. 꿈꾸는 나가 만들어놓은 꿈의 세계를 꿈속에서 자기 바깥의 객관 실유라고 여기는 것은, 결국 꿈속 나가 자기 자신을 실재하는 자아, 실체적 자아로 집착하기 때문이고, 그래서 자신이 시선의 주체라고 여기기 때문이지요. 꿈 깨고 보면 없는 나인데, 그것을 모르고 실재하는 자아로 여기며 집착하기에 허망한 집착, 망집妄執인 것입니다.

이와 같이 유식은 제7말나식을 근본 번뇌식으로 간주합니다. 탐·진·치의 번뇌는 바로 제7말나식의 번뇌인 것이지요. 그렇게 우리는 세계를 만드는 심층 아뢰야식으로 활동하면서 자신이 만든 세계 안에 다시 자신을 만들어놓고는, 자기를 그 만들어진 나로 알고 살아갑니다. 전체로서의 자기 마음을 망각하고, 자신을 그 마음이 만든 세계 속 일부로만 아는 것이지요. 아뢰야식과 말나식의 관계는 꿈꾸는 나와 꿈속 나의 관계로, 다음과 같이 비교될 수 있습니다.

표층의식: 나(유근신) + 세계(기세간) 꿈속 나 + 꿈의 세계

↑ ↑

심층마음: 아뢰야식 꿈꾸는 나

이와 같이 우리가 일상적으로 집착하는 나와 세계는 표층의식에서 보면 실유이지만, 심층마음에서 보면 가유입니다. 꿈속 나와 세계가 꿈에서는 있는 것으로 여겨지지만, 꿈 깨고 보면 없는 것과 마찬가지입니다.

일심의 자각

수행은 우리의 일상의식인 표층의식에서 우리 의식에 가려진 심층마음, 마음의 본래 자리로 나아가는 것이라고 할 수 있습니다. 내가 나라고 생각하고 집착하는 아我가 실재하는 아가 아니고, 내가 객관세계라고 집착하는 법法이 실재하는 법이 아니라는 것, 아와 법이 모두 내 마음이 만든 가상이고 가유라는 것을 깨닫는 것이 수행인 것입니다. 아와 법이 가아·가법이라는 것을 깨닫는 것은 가아·가법을 만드는 심층마음, 아뢰야식을 깨달아야 가능하지요. 자신을 표층 유근신이 아닌 심층 아뢰야식으로 깨달아야 하는 것입니다.

나를 표층에 드러나는 개별적 유근신이 아닌 심층 아뢰야식

으로 깨닫는다는 것은 무엇을 의미할까요? 나를 심층마음으로 깨닫는 것은 나의 이해뿐 아니라 나와 함께 이 세계에 사는 너와 그에 대한 이해에도 변화를 줍니다. 표층의식의 눈이 아니라 심층마음의 눈으로 보면 알아차림의 수준이 달라지는 것이지요. 나와 마찬가지로 너나 그도 겉으로 드러난 유근신이 아니라, 세계 전체를 만드는 아뢰야식이라고 알게 되는 것입니다.

마음이 세계를 만든다는 일체유심조를 말한다고 해서, 나 이외의 일체 존재를 부정하고 오직 나의 개인적 마음만 인정하는 유아론唯我論을 주장하고 있는 것이 아닙니다. 일체유심조의 '심'이 세계 안의 일부분으로 존재하는 개별자의 표층의식인 제6의식이 아니라, 세계 전체를 형성하는 심층마음인 제8아뢰야식이기 때문입니다. 아뢰야식이 세계를 만드는 것은 맞습니다. 그리고 아뢰야식이 각자의 아뢰야식인 것도 맞습니다. 그런데 나의 아뢰야식이 만든 세계와 너의 아뢰야식이 만든 세계가 하나의 공통 세계, 하나의 기세간이 된다는 것은 곧 나의 아뢰야식과 너의 아뢰야식이 심층에서는 서로 다르지 않은 하나라는 것을 의미합니다. 그러므로 아뢰야식을 자각한다는 것은 곧 나와 너가 표층에서는 서로 다른 각자로 존재하지만, 심층에서는 그러한 차별상 너머, 자타분별 너머 하나의 마음이라는 것, 일심이라는 것을 깨닫는 것을 의미합니다. 우리가 표층에서는 서로 다르지만, 심층에서는 하나라는 것을 깨닫는 것이지요. 이는 곧 가지각색으로 그려진 그림 너머 빈 종이, 빈 바탕을 보는 것과 같은 것입니다. 이와 같이 일체유심조의 마음은 곧 각자의 마음이면서 동시에 하나의 마음, 한마음, 일심인 것이지요. 이것이 바로 앞에서 말한 '일즉다·다즉일'의 신비인 것입니다.

심층마음을 깨닫는다는 것은 곧 인생의 꿈에서 깨어나는 것과 같습니다. 그래서 불교에서는 깨달음을 인생의 꿈에서 깨어난다는 의미로 대각大覺이라고 합니다. 꿈을 깬다는 것은 곧 마음이 마음의 본래 자리, 진여眞如의 자리에서 눈뜬다는 것을 의미합니다. 꿈에서 깨어나야 비로소 꿈의 세계가 허망한 가상이었음을 알게 되듯이, 자신 안의 심층마음, 본래 부처의 마음, 진여심, 일심을 깨달아야, 우리가 아집·법집을 갖고 집착하면서 살아가는 나와 세계가 가유라는 것을 알게 됩니다. 이는 곧 그림에 끌려다니지 않고 그 바탕의 빈 종이를 보는 것과 같은 것이지요. 이것이 바로 우리의 마음이 생멸문 너머 진여문의 마음이라는 것, 단지 연기의 산물이 아니라 연기적 순환 너머의 존재라는 것, 마음은 처음부터 끝까지 항상 그 본래 자리에 있다는 것을 깨닫는 것입니다.

본래 자리를 확인한 마음은 일상의 세계로 돌아와도 그것이 가유임을 알아 더 이상 대상에 집착하지 않습니다. 마음이 늘 그 본래 자리에 있기 때문에 대상에 끌려다니지 않게 되는 것이지요. 이는 곧 그림을 봐도 그림 너머의 바탕을 함께 보는 것이라고 할 수 있습니다. 중생을 따라 다시 꿈의 세계로 돌아와 함께 꿈을 공유해도, 그것이 꿈이고 가상이라는 것을 알기에 꿈속 어떤 것에도 집착하지 않는 것이라고 할 수 있습니다. 이것이 바로 《금강경》에서 말하는 '응무소주이생기심應無所住而生其心'의 경지, 즉 머무를 바 없이 마음을 내는 자유자재의 경지입니다.

불교가 일체유심조, 유식무경을 말하는 것은 마음이 만든 가상을 실재로 여기는 오류, 즉 가아와 가법을 마음 바깥의 실아와 실법으로 여기는 집착을 깨기 위한 것입니다. 그리고 이것은 다시 궁극적으로 가상 너머의 실재인 진여·불성·일심을 도리어 가상으로 여기는 오류를 타파하기 위한 것이라고 할 수 있습니다. 가상 너머의 실재인 진여와 일심을 놓치는 순간, 우리가 경험하는 이 세계가 가상이라는 것을 깨달을 수 있는 기준점이 사라져버리기 때문이지요. 그러면 우리는 다시 아집과 법집의 동분망견으로 빠져들게 될 것입니다.

불교가 일체유심조, 유식무경을 설하는 이유

① 가상을 실재로 여기는 오류를 타파: 실아 · 실법의 집착을 깸

② 실재를 가상으로 여기는 오류를 타파: 진여 · 불성 · 일심을 밝힘

진여 · 불성 · 일심을 깨달아야 아와 법이 가유, 가상현실이라는 것을 알 수 있습니다. 그림이 실재가 아니라는 것을 알기 위해서는 그림 너머의 종이, 빈 바탕을 깨달아야 하듯이, 아와 법이 가유라는 것을 알기 위해서는 생멸하는 현상 너머 불생불멸의 부처의 마음, 진여심을 깨달아야 하는 것이지요.

'공적영지空寂靈知'는 수행의 방법을 지시하는 수행론적 개념이 아니라 수행과 무관하게 이미 작동하는 마음활동을 지시하는 존재론적 내지 심성론적 개념입니다.
즉 공적영지는 수행을 통해 비로소 얻어지는 것이 아니라 오히려 수행을 가능하게 하는 근거이며, 동시에 수행을 통해 깨닫고자 하는 것, 마음의 본성에 해당하지요. 앞서 '수행의 세계'에서 견성의 방법으로 논한 성적등지문이나 간화선 등의 수행이 바로 이 공적영지를 깨닫고자 하는 수행이라고 할 수 있습니다.

5강

공적영지의 마음

空寂靈知

종자와 마음 자체의 구분

'일체유심조의 마음'은 세계 경험으로부터 종자를 훈습받고, 다시 그 종자로부터 세계를 만들어내는 '일체종자식一切種子識'으로서의 아뢰야식입니다. 이것은 식 안에 함장되는 종자를 가지고 아뢰야식을 설명한 것이지요. '공적영지空寂靈知의 마음'은 아뢰야식 안에 함장되어 있는 종자와는 구분되는 제8식 자체, 아뢰야식 자체를 말합니다.

종자와 아뢰야식 자체를 왜 구분하는 것일까요? 종자는 경험으로부터 생겨나는 것이지요. 그런데 우리의 경험은 번뇌에 물든 행위인 업業이고, 따라서 그런 업으로부터 생겨나는 종자 또한 번뇌에 물든 종자, 곧 유루종자有漏種子라고 할 수 있습니다. 반면 그런 종자를 함장하고 있는 식 자체는 번뇌가 없는 식, 때가 없는 무구식無垢識이지요. 이처럼 번뇌와 때가 있는가 없는가의 차이가 있으므로 둘을 구분하는 것입니다.

그런데 번뇌종자를 훈습받은 아뢰야식 자체를 왜 번뇌도 없고 때도 없는 무구식이라고 하는 것일까요? 이것은 옷감에 노란색 물을 들여서 노란 옷을 만들 때, 물들이고자 하는 천 자체는 색이 없는 무색의 천이어야 하는 것과 같은 이치입니다. 또 향수의 향을 맡아보려고 종이에 향수를 뿌릴 때, 종이 자체는 무향의 종이여야 하는 것과 같은 것이지요. 그렇듯 번뇌종자를 훈습받는 식 자체는 무구식이어야 하는 것입니다.

종자:	번뇌식, 염오	물들이는 색깔	향수의 향
	↕	↕	↕
식 자체:	무구식, 청정	무색의 천	무향의 종이

이 구분은 어찌 보면 단지 개념적이고 현학적인 구분으로 들릴 수도 있지만, 그렇다고 이것이 단지 말장난은 아닙니다. 이 구분이 갖는 구체적 의미는 우리의 삶 속에서 발견할 수 있습니다. 우리는 각자 자기 마음속의 번뇌를 알고 있습니다. 우리는 누구나 수시로 마음속에 욕망과 분노, 탐심과 진심이 일어나는 것을 의식하지요. 또 조금만 깊이 생각해보면, 스스로 어리석고 근본 지혜가 없다는 것, 치심이 있다는 것도 알게 됩니다. 나아가 지금까지 살면서 행한 것들을 되돌아보면,

탐·진·치의 번뇌에 이끌려서 행한 것들이 많다는 것도 알게 됩니다. 그런 번뇌의 행위들이 내게 번뇌종자를 심어서 나의 습習을 이루어놓았을 테고, 그럼 나는 이제 정말 어쩔 수 없는 사람이라는 절망적인 생각도 하게 되지요. 내 마음은 온통 번뇌심, 염오심일 뿐이라고 여기게 됩니다.

그런데 유식은 그런 번뇌종자를 함장하고 있는 아뢰야식에 대해, 그래도 식 자체, 우리의 마음 자체는 번뇌를 떠난 것이라고 말하고 있습니다. 헝겊을 물들일 때 본래 헝겊 자체는 무색이고, 종이에 향수를 스며들게 할 때 본래 종이 자체가 무향인 것과 같다는 것이지요. 우리의 마음이 아무리 번뇌에 물들어 있어도, 그 번뇌 있음을 아는 그 마음 자체는 번뇌를 떠나 있다는 말입니다. 우리는 그런 마음을 본래 마음 본심本心, 진짜 마음 진심眞心 또는 선한 마음 양심良心이라고 부릅니다. 아무리 나쁜 말과 행동을 일삼는 사람이라고 해도 그 마음 깊은 곳 어딘가에는 분명 깨끗하고 선한 마음이 깨어 있다는 것입니다.

종자:	내 마음에 가득한 번뇌	– 번뇌심
↕		↕
식 자체:	번뇌를 자각하는 마음 자체	– 본심·진심·양심

물론 본심·진심·양심에 대해 오늘날까지도 갖가지 설이 분분하지요. 본래적 양심이란 것은 없다든가, 그것은 단지 사회적 교육·문화의 산물 아니면 그저 우리의 희망사항일 뿐이지 실제적 마음은 아니다 등등 여러 가지 설이 있습니다. 그래서 우리는 다시 진지하게 묻게 되지요. '본심·진심·양심이란 것이 정말 있는가? 그런 본심·진심·양심이 있다면, 그것은 우리의 번뇌심과 어떤 관계에 있는가?'

불교에서도 우리의 심층마음인 제8아뢰야식에 대해, 그 번뇌성 또는 무구성에 대해 여러 가지 설이 있습니다. 먼저 ① '아뢰야식은 번뇌적 망식이다'라는 아뢰야망식설阿賴耶妄識說이 있습니다. 그렇지 않고 ② '아뢰야식은 번뇌를 떠난 청정식이다'라는 아뢰야정식설阿賴耶淨識說도 있고요. 그리고 ③ 번뇌식과 무구식을 별개의 식으로 구분하면서 '8식 외에 무구식인 제9식이 있다'는 9식설識說도 등장하지요. ④ 반면 '무구식도 제8식에 포함된다'고 보아 8식설을 고수하는 아뢰야진망화합설阿賴耶眞妄和合說도 있습니다. 이처럼 아뢰야식의 성격에 대해 다양한 논의가 있는데, 이는 모두 우리 마음의 염오성과 청정성의 관계에 대한 문제의식에서 나온 것이라고 볼 수 있습니다.[1]

아뢰야식에 대한 4가지 설

① 아뢰야망식설: 번뇌식	– 지론종 북도파
② 아뢰야정식설: 무구식	– 지론종 남도파
③ 9식설: 제8아뢰야식(번뇌식) 제9아마라식(무구식)	섭종론(진제)
④ 아뢰야진망화합설: 번뇌식 + 무구식	– 법상종(현장), 기신론

이 중에서 ④ 아뢰야진망화합설의 입장에서 '공적영지의 마음'에 대해 알아보겠습니다. 아뢰야진망화합설은 우리나라에 삼국시대부터 들어와 널리 알려졌던 법상종 그리고 기신론의 입장이지요. 법상종의 주요 논전인 《성유식론》은 제8식에 함장되는 종자와 그 종자들을 함장하는 제8식에 대해 다음과 같이 불일불이不一不異를 말합니다.

> 종자와 본식(제8식)은 하나도 아니고 다르지도 않다.
>
> 《성유식론》

1 지론종 地論宗의 주요 논전은 《십지경론 十地經論》이다. 산스크리트 원본의 번역 중에서 북도파 北道派는 보리유지 菩提流支, Bodhiruci의 번역에 기반하고, 남도파 南道派는 늑마나제 勒那摩提, Ratnamati의 번역에 기반한다. 섭론종 攝論宗의 주요 논전은 무착 無着 저 진제 眞諦 역의 《섭대승론 攝大乘論》이며, 법상종 法相宗의 주요 논전은 호법 護法 등 저 현장 玄奘 역의 《성유식론 成唯識論》이다. 《대승기신론》의 여래장사상은 유식사상과 멀지 않다.

종자 ↕ 식 자체 — 불일불이

- 불일: 종자와 식 자체는 구분됨
- 불이: 종자와 식 자체는 각각의 식으로 분리되지 않음

종자와 식 자체는 불일불이의 관계라는 것입니다. 불일不一, 즉 하나가 아니라는 것은 종자와 식 자체는 서로 구분된다는 것이지요. 그렇지만 종자와 식 자체는 불이不異, 즉 서로 다르지 않으므로 그 식을 제8식과 제9식으로 분리해서는 안 된다는 것입니다.

법상종이 8식설을 고수하는 방식을 현장의 제자 규기窺基는《성유식론술기成唯識論述記》에서 이렇게 설명합니다.

> 《능가경楞伽經》에서 염染과 정淨을 겸하여 식의 성품을 설하기도 하고(겸설), 혹 제8식을 염과 정으로 별도로 나누어 9식을 말하기도 하지만(별설), 이것은 의타기依他起(연기)의 식체에 9가지가 있다는 것도 아니고, 또 체의 종류에 별도로 9식이 있다는 것도 아니다.
>
> 《성유식론술기》

《능가경》:	〈겸설〉	〈별설〉
	제8식	염오분: 제8식
		청정분: 제9식

《능가경》에는 염오와 청정을 제8식이 겸하여 갖는 두 측면으로 설하는 '겸설兼設'과 염오와 청정을 별도로 나누어 제8식과 제9식을 설하는 '별설別設'이 함께 등장하지만, 이것은 설하는 방식의 차이일 뿐이라는 것이 규기의 주장입니다. 그러므로 전변하는 심층식의 활동에 대해 그 식체를 둘로 나누어서 제8식 너머에 다시 제9식을 설정하는 것은 옳지 않다는 것입니다. 법상종이 왜 아뢰야식을 진망화합식으로 간주하는지를 보여주는 것이지요.

소위 여래장사상의 주요 논전인 《대승기신론》도 유식과 마찬가지로 아뢰야진망화합설로서 8식설을 주장합니다.

> 불생불멸과 생멸이 화합하여 하나이지도 않고 다르지도 않으니, 이것을 아뢰야식이라고 이름한다.
>
> 《대승기신론》

생멸: 종자
↕
불생불멸: 식 자체

불일불이 = 아뢰야식

- 불일: 종자와 식 자체는 생멸과 불생불멸로 구분됨
- 불이: 다른 두 식이 아니라 제8아뢰야식의 두 측면임

여기에서 불생불멸은 제8식 자체를 의미하고, 생멸은 그 식 안에 함장된 종자를 의미합니다. 종자와 식 자체가 생멸과 불생불멸로 구분되어 하나가 아니기에 불일이 성립하지만, 그렇다고 그 둘이 서로 다른 별개의 식으로 따로 있는 것이 아니기에 불이가 성립합니다. 생멸과 불생불멸이 모두 아뢰야식에 포함된다는 뜻이지요. 아뢰야식 내 종자는 생멸하는 것이지만, 그런 종자를 함장하는 아뢰야식 자체는 불생불멸이라는 것입니다. 이상을 정리하면 다음과 같습니다.

제8아뢰야식

- 종자 = 생멸: 아뢰야식의 염오분 – 번뇌식
- 본식 = 불생불멸: 아뢰야식의 청정분 – 무구식

제8아뢰야식을 생멸하는 종자의 흐름인 종자식으로만 보면, 그것은 식의 염오적 부분에 해당하고 번뇌식입니다. 그러나 아뢰야식을 그 자체로 보면, 그것은 식의 청정한 부분이고 무구식이지요. 이 무구식으로서의 제8식 자체를 여래심如來心 · 진여심眞如心 · 일심一心이라고 합니다.

그런데 일상적인 번뇌식 어디에서 번뇌를 떠난 청정한 불생불멸의 무구식, 진여심을 발견할 수 있는 것일까요? 다시 옷을 물들이는 염색의 비유로 가봅시다. 종자와 식 자체의 구분은 곧 노란색 염료와 옷감 자체의 구분에 해당합니다. 노란색 염료로 흰 천을 염색하면, 옷은 노란색 옷이 되지요. 그래도 천 자체는 흰색이라고 말하는 것은 그 천이 본래 흰색이었고, 또 언젠가 그 염료를 모두 제거하는 탈색을 하면 다시 본래의 흰색이 되기 때문입니다. 마찬가지로 번뇌종자가 아뢰야식 자체에 훈습되면, 식은 염오식이 됩니다. 그렇다면 그 식 자체가 무구식이라고 말하는 것도 그 식이 본래 (훈습되기 전에) 무구식이었고, 또 언젠가 그 번뇌종자를 모두 조복하고 단멸하는 수행을 완성하면 식이 다시 본래의 청정한 무구식으로 돌아가기 때문일까요?

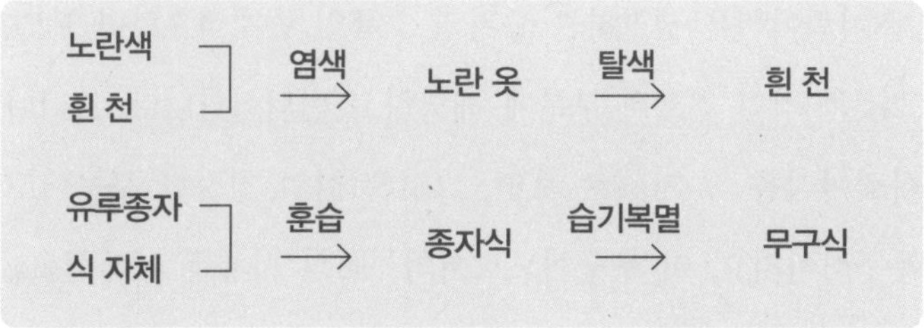

일단 옷감을 물들이고 나면, 흰색 옷은 더 이상 없고 있는 것은 오직 염색된 노란색 옷뿐입니다. 그래도 굳이 흰색 천을 주장하고자 한다면, 결국 염료를 모두 제거하는 탈색을 거쳐야만 하겠지요. 즉 탈색하기 전에는 흰색 옷은 없고 오직 노란색 옷만 있을 뿐입니다. 마찬가지로 아뢰야식 자체와 종자를 아무리 구분한다 해도, 일단 번뇌종자를 훈습받은 식은 단지 번뇌식으로만 존재하는 것은 아닐까요? '식 자체는 무구식이다'를 말할 수 있으려면, 그 식 안에 있는 번뇌종자가 수행을 통해 모두 제거되어야 하는 것은 아닐까요? 즉 부처가 되어야, 그때 비로소 무구식이 되는 것 아닐까요? 무시이래로 무명에 이끌려 업을 짓고 번뇌종자를 훈습해온 일체중생은 부처가 되지 않는 한, 결국 평생을 번뇌의 염오식으로 살아가는 것은 아닐까요? 아니면 우리 일반 중생의 아뢰야식도 그 자체는 번뇌식이 아닌 진여심인 것일까요?

마음은 이미 마음을 알고 있다

자기지와 대상지

노란색으로 염색된 옷이 노란색 옷에 불과하듯이, 번뇌종자를 훈습받은 아뢰야식은 종자가 모두 단멸되기 전까지는 단지 번뇌식일 수밖에 없는 것일까요? 우리의 마음인 아뢰야식이 옷과 다를 바 없는 존재라면 그렇겠지요. 그러나 그렇지 않습니다. 마음과 옷 사이에는 간과할 수 없는 차이가 있기 때문입니다. 그 차이는 과연 무엇일까요?

마음과 옷의 차이를 우리는 누가 설명해주지 않아도 즉각적으로 압니다. 마음은 스스로를 아는데, 옷은 자신을 알지 못한다는 것이지요. 즉 마음과 옷의 차이는 마음은 자기자각성, 자기지自己知가 있고, 옷은 그것이 없다는 것입니다. 우리는 이 차이를 누구나 그냥 단적으로 압니다.

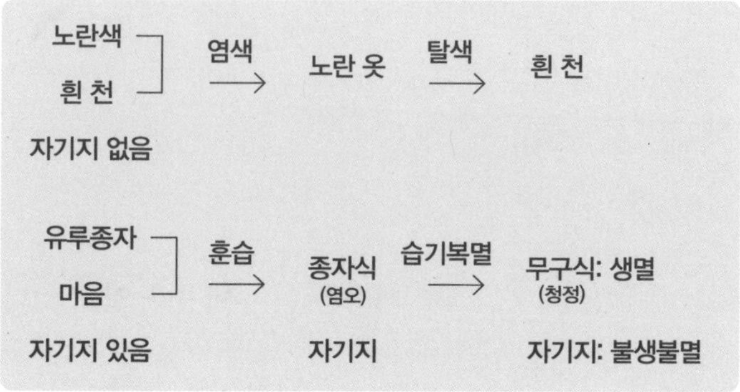

마음과 옷의 차이를 만드는 이 마음의 자기지는 어떤 것일까요? 마음이 마음 자체를 스스로 자각하여 아는 것이 바로 마음의 자기지입니다. 스스로를 자각하여 알기 때문에 마음은 자신에게 훈습되는 종자를 자기 바깥에서 오는 객진번뇌客塵煩惱(외부에서 들어와 먼지처럼 쌓인 번뇌)로 자각합니다. 그렇게 마음은 스스로를 바깥에서 오는 번뇌종자와 구분되는 마음 자체로 자각합니다. 바로 이 자기지가 마음과 옷을 구분 짓는 차이인 것이지요. 자기지로 인해 마음은 옷과 달리 그 안에 번뇌종자가 아무리 쌓여도 마음 자체의 무구성을 잃지 않습니다. 이 자기지가 곧 번뇌의 중생심 안에 있는 청정한 무구식, 부처의 마음이지요. 이것이 바로 마음의 본래적 각성인 본각本覺이며, 우리는 이것을 본심 내지 진심 또는 양심이라고 부릅니다.

우리가 마음과 옷의 차이를 즉각적으로 아는 것은 우리가 마음의 자기지가 무엇인지를 즉각적으로 알기 때문입니다. 마음의 자기지는 그렇게 간단하고 명료한 것이지요. 그것은 누구나 그냥 그 자체로 직접적으로 아는 것이지, 그것 이외의 다른 것을 통해 설명되거나 증명될 수 있는 것이 아닙니다. 스스로 증명되는 자증自證의 것이지, 다른 것을 통해 증명되는 타증他證의 것이 아니지요.[1]

마음은 그렇게 스스로를 아는 자기지가 있습니다. 이 자기지가 있기에 마음이 마음 이외의 것들도 알 수 있는 것이지요. 마음이 자기 아닌 것, 옷이나 나무 등을 아는 것이 마음의 대상지對象知입니다. 이렇게 우리는 마음이 갖는 지知에서 자기지와 대상지를 구분할 수 있습니다. 마음이 자신을 아는 것이 마음의 자기지이고, 마음이 대상을 아는 것이 마음의 대상지이지요. 자기지는 마음이 스스로를 주객분별 없이 내적으로 자각하는 것이고, 대상지는 마음이 대상을 그 대상 외부의

1 마음과 옷이 차이가 없다고 말하는 사람한테, 이 차이, 마음의 자기지를 증명하기는 어렵다. 마음은 자기지로 알려지는 것이기 때문이다. 그것은 그 자체로 단박에 직접적으로 자명하게 알려지는 것이다. 마음의 자기지를 알기 때문에, 우리는 즉각적으로 마음과 옷의 차이도 안다. 마찬가지로, 우리는 그렇게 마음과 스마트폰의 차이, 마음과 컴퓨터의 차이, 마음과 로봇의 차이도 안다. 그럼에도 로봇 또는 인공지능이 마음이 있느냐 없느냐, 인간과 같으냐 다르냐를 끝없이 논쟁하는 것은 누구나 직접적으로 알고 있는 마음의 자기지를 간과하고 마음을 단순한 정보처리시스템으로 간주하기 때문이다. 마음의 직접적 자기지를 빼놓고 마음을 논하는 것은 이미 출발부터 잘못된 것이다. 직접적 자기지를 뺀 마음은 이미 마음이 아니기 때문이다.

시선, 3인칭적 시선으로 관찰하여 아는 것입니다.

마음이 마음을 앎 – 마음의 자기지: 안에서 보는 것
마음이 대상을 앎 – 마음의 대상지: 밖에서 보는 것

마음의 자기지는 마음이 자신을 스스로 즉각적으로 아는 것이고, 마음의 대상지는 마음이 마음 이외의 대상을 거리를 두고 아는 것입니다. 그런데 마음은 마음 자신에 대해서도 마치 대상을 보듯 스스로를 대상화해서 볼 수도 있지요. 마치 옷을 보듯이 마음을 대상화해서 보는 것입니다. 그렇게 하면 마음은 보는 마음과 보이는 마음으로, 주와 객으로 이원화됩니다. 그리고 마음은 결국 마음 자체를 아는 것이 아니라 대상화된 마음만 알게 되지요. 마음의 자기지는 뒤로 물러나고 마음의 대상지만 남게 됩니다. 마음은 그 자체가 아니라 대상지의 대상으로서만 알려지게 됩니다.

마음이 마음을 앎 – 자기지 – 마음을 직접 앎
마음이 ┌ 대상(마음)을 앎 ┐ 대상지 ┌ 마음을 대상화하여 앎
　　　　└ 대상(옷)을 앎 ┘　　　　└ 사물을 대상화하여 앎

《증도가證道歌》를 쓴 영가 현각永嘉 玄覺은《선종영가집禪宗永嘉集》에서 마음의 지를 세 가지로 구분합니다. ① 마음이 자기 아닌 대상을 아는 대상지와 ② 마음이 자기 자신을 대상화해서 아는 대상지와 ③ 마음이 마음 자신을 대상화하지 않고 그 자체로 직접 아는 자기지가 그것입니다. 그는 마음의 자기지를 대상지로부터 분명히 구분하고자 손의 비유를 들어 설명합니다.

> ① 만약 지知로써 적寂을 안다면, 이것은 대상 없는 지가 아니다. 마치 손으로 여의주를 잡으면 여의주가 없는 손이 아닌 것과 같다. ② 만약 자신의 지를 안다 해도 이 또한 대상 없는 지가 아니다. 마치 손으로 자기 주먹을 쥐면 주먹 안 쥔 손이 아닌 것과 같다. ③ 또한 '적寂을 아는 지'도 아니고 '자신의 지를 아는 지'도 아니라고 해서 지가 없다고 할 수는 없다. 자성이 밝아서 목석과 다르기 때문이다. 마치 손이 여의주를 잡지 않고 또 자기 주먹을 쥐지 않는다고 해서 손이 없다고 할 수 없는 것과 같다. 손이 편안하게 있기에 토끼뿔과는 다르기 때문이다.
>
> 《선종영가집》

지의 구분	손의 비유	
① 대상을 아는 지	여의주를 쥔 손	대상 있는 지(연지) = 대상지
② 자신의 지를 아는 지	주먹을 쥔 손	
③ 자기지	쥐지 않은 빈 손	대상 없는 지(무연지) = 자기지

여기에서 대상 없는 지는 무연지無緣知, 곧 자기지를 의미합니다. 마음이 스스로를 대상화하지 않고 단적으로 아는 자기지를 말하지요. 그리고 대상 있는 지는 연지緣知, 대상화해서 아는 지, 곧 대상지를 뜻합니다. 마음이 마음에 주어지는 대상을 아는 것뿐 아니라 마음 자체를 대상화해서 아는 것도 모두 대상지입니다. 현각이 마음의 본래 활동으로 밝히고자 하는 것은 그런 대상지가 아니라 마음의 자기지입니다.

마음의 자기지는 마음을 대상화해서 인식하는 대상지, 즉 연지가 아닙니다. 자기지가 대상지가 아니어도 분명 지知라는 것을 강조하기 위해 (지가 없는) 목석과 다르다고 말하고, 자기지가 대상지가 아닌 방식으로 분명히 존재한다는 것을 강조하기 위해 다시 (존재하지 않는) 토끼뿔과 다르다고 말하는 것입니다. 이처럼 무연지로서의 마음의 자기지는 연지로서의 마

음의 대상지와는 다른 것이며, 우리의 마음은 그런 자기지로 깨어 있습니다.[2]

마음의 자기지는 흔히 거울의 비유를 통해 설명되기도 합니다. 사람들은 곧잘 마음을 거울에 비유하곤 하지요. 거울은 앞에 주어지는 사물을 있는 그대로 비춥니다. 붉은 사물은 붉게, 푸른 사물은 푸르게, 사물을 따라 비추지요. 그래서 사람들은 거울을 사물이 있어야 비로소 비춘다고 생각하고, 그렇게 우리의 마음도 대상이 있어야 비로소 지知를 가진다고 여깁니다. 그런데 거울이 정말로 그 앞의 사물로 인해 비추는 것일까요? 그렇지 않습니다. 사물이 앞에 있을 때 거울은 그것을 비추고 돌은 그것을 비추지 않는 것은 거울이 돌과 달리 본래 비추는 것이기 때문이지요. 즉 거울은 사물이 있어야 비로소 비추는 것이 아니라, 그 앞에 사물이 있거나 없거나 상관없이 항상 비추고 있는 것입니다. 거울이 본래 비추고 있기에 그 앞에 사물이 주어지면 그 사물을 비출 수 있는 것이지요. 거울이 그 앞의 대상을 비추는 것을 '대상을 따라 응하는 작용'

2 마음을 대상지로서만 파악하면, 마음 자체의 성품, 본래 부처의 성품, 진여심, 부처의 마음을 놓치게 된다. 진여심, 여래심, 양심, 본심은 우리에게 즉각적으로 알려지는 것이지, 반성적으로 대상화해서 생각하기 시작하면 벌써 뒤로 물러나고 잡히지 않기 때문이다. 마음 자체의 무구성은 알려진 대상으로서의 마음이 아니라, 아는 마음 자체에서 발견되는 것이다.

인 수연응용隨緣應用이라고 하고, 대상의 유무와 상관없이 항상 스스로를 비추는 것을 거울의 '자기 본성의 본래적 작용'인 자성본용自性本用이라고 합니다. 수연응용은 마음의 대상지에 해당하고, 자성본용은 마음의 자기지에 상응합니다. 이처럼 거울 자체의 비춤, 거울의 자체지광명에 해당하는 것이 바로 심층마음 아뢰야식의 자기지입니다. 마음은 이렇게 고요하면서도 항상 비추고, 비추면서도 항상 고요한 '적이상조 조이상적寂而常照, 照而常寂'이지요.

거울의 활동

- 대상을 비춤: 수연응용 – 마음의 대상지
- 자신을 비춤: 자성본용 – 마음의 자기지

돈오와 점수

마음의 대상지와 자기지의 차이를 7세기 중국 당나라 선종의 두 선사, 신수神秀와 혜능慧能의 게송의 차이를 통해 살펴보기로 합시다. 당시 선종 제5조 홍인弘忍은 법통을 이을 사람을 정하기 위해 상좌들에게 게송을 지으라고 했습니다. 그때 가장 촉망받던 제자 신수가 제출한 것이 바로 다음 게송입니다.

몸은 본래 보리수이고
마음은 밝은 거울과 같다.
수시로 부지런히 닦아
먼지가 끼지 않도록 하라.

《육조단경 六祖壇經》

신수는 마음을 밝은 거울에 비유하면서, 밝은 거울인 마음에 이르기 위해서는 그 위에 쌓인 먼지, 거울을 가리는 먼지를 부지런히 닦아야 한다고 말합니다. 우리가 거울을 들여다보려면 그렇게 하듯이 말입니다. 이 게송에서 신수가 마음에 접근하는 방식은 우리가 거울을 보듯 그렇게 마음을 보는 것입니다. 거울을 바깥에서 들여다보면, 그 위에 먼지가 있을 경우 맑은 거울은 그 먼지에 가려 보이지 않지요. 그러니까 맑은 거울을 보려면 그 위의 먼지를 우선 닦아야 합니다. 그렇듯이 본래 마음을 보기 위해서는 거기 쌓인 번뇌를 먼저 제거해야 한다는 것입니다. 마치 거울을 보듯 마음을 그 바깥에서 대상으로 바라보는 것이라고 할 수 있습니다.

그날 상좌 계열에 끼지도 못했던 일자무식 혜능은 뒤늦게 도반을 통해 신수의 게송을 전해 듣고는, 곧 다음 게송을 적어

달라고 합니다.

> 보리는 본래 나무가 없고
> 밝은 거울 역시 대가 없다.
> 본래 한 물건도 없는데
> 어디에 먼지가 끼겠는가.
>
> 《육조단경》

혜능은 보리인 지혜는 마당에서 자라는 나무와 다르고, 밝은 거울인 마음은 물리적인 거울대와는 다르다고 말합니다. 본래 한 물건도 없다는 '본래무일물本來無一物'은 마음은 본래 빈 것, 공空이고, 따라서 사물처럼 대상화할 수 없는 것, 그 위에 먼지가 쌓일 수 없는 것임을 말하는 것이지요. 혜능은 대상화되기 이전의 마음의 자기지에 주목한 것입니다.

어떤 의미에서 자기지일까요? 앞에서 신수가 마음의 먼지를 닦으라고 한 것은 마치 거울을 거울 바깥에서 보듯이 마음을 마음 바깥에서 대상으로 보았기 때문입니다. 그런데 거울이 진짜 마음처럼 자기지가 있다면 어떨까요? 거울은 거기에 낀 먼지와 상관없이 자신을 내적으로 직접 알겠지요. 거울 바깥에서 거울을 보는 것이 아니라 거울 자체가 자기지가 있어서 스스로를 내적으로 안다면, 거울은 그 표면에 먼지가 있든 없든, 먼지를 닦든 안 닦든 상관없이 스스로를 알 것입니다. 이것이 바로 혜능이 말하고자 한 '마음의 자기지'입니다.

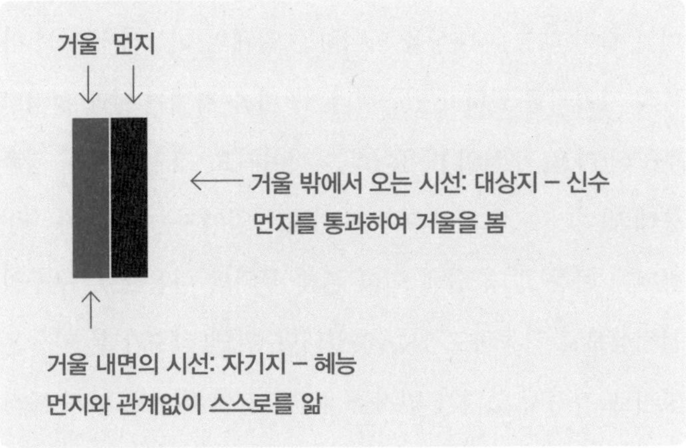

마음은 자기지가 있으므로, 마음에 낀 먼지(번뇌)와 상관없이 마음 자신을 스스로 압니다. 그러니까 마음인 것이지요. 마음이 스스로를 아는 그 마음이 바로 본래 마음, 번뇌 없는 마음, 마음 자체입니다. 그렇게 마음은 번뇌와는 다른 차원의 마음, 번뇌가 범접할 수 없는 마음이기에 '본래무일물'이라고 한 것이지요. 우리에게는 마음을 가리는 번뇌와 무관하게 자기 마음 자체를 직접 자각하는 자기지의 마음, 무구의 마음이 있는 것입니다. 그렇게 번뇌 없는 마음의 눈이 있어서 그 눈으

로 자신을 대상화해서 바라보니까, 비로소 자기 마음에도 번뇌가 있음을 알게 되는 것이지요. 번뇌를 알아차리는 그 마음 자체는 번뇌 없는 마음인 것입니다.

이와 같이 혜능은 대상을 의식하는 일체의 대상지에 앞선 마음의 자기지를 말하고 있습니다. 즉 마음 자체는 본래 청정한 무구의 마음, 부처의 마음이라는 것이지요. 그 마음은 수행을 통해 번뇌가 모두 멸한 이후에 비로소 얻어지는 것이 아니라, 번뇌에 물든 중생 안에 이미 본래 부처의 마음으로, 무구의 청정심으로 활동하고 있는 것입니다. 반면 신수가 본 마음은 먼지로 가려져 있다가 먼지를 없앰으로써 비로소 다시 드러나는 마음입니다. 그만큼 신수는 마음 자체를 본 것이 아니라, '먼지 있는 마음'과 대비되는 '먼지 없는 마음'을 본 것이라고 할 수 있지요. 그러나 마음 자체는 그런 대비를 통해 드러나는 마음이 아니라, 그 두 마음을 포괄하는 마음이고, 그것을 혜능이 본 것입니다. 마음 자체는 먼지가 있거나 없거나 상관없이 그 바탕에 있는 마음, 따라서 먼지 있음과 먼지 없음 둘 다를 포괄하는 마음, 그렇게 번뇌 있음과 번뇌 없음, 망妄과 진眞의 분별 너머에 있는 마음이지요. 그림의 비유로 말하자면, 자기지의 마음은 그림이 그려지거나 지워지거나 상관없이 그 바탕에 있는 빈 종이에 해당합니다. 혜능은 우리 안에 그런 자기지의 마음이 있음을 밝힌 것입니다.

신수와 혜능: 대상지와 자기지

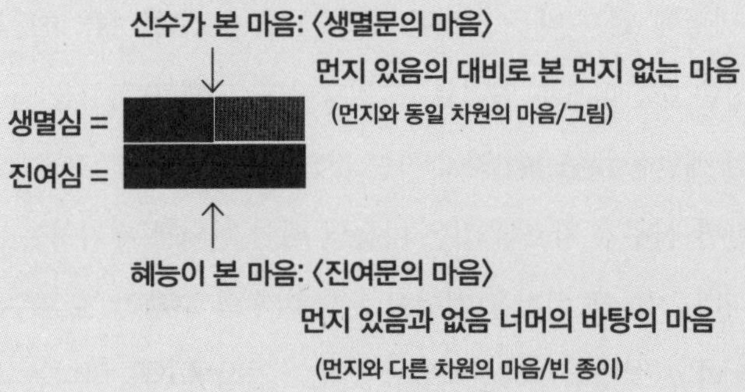

자기지의 마음은 유전문과 환멸문 너머의 마음, 진여문의 마음입니다. 이것이 바로 대승불교가 강조하는 인간의 본성인 불성佛性, 진여성眞如性이지요. 이 자기지의 마음을 자기 마음으로 분명하게 깨닫는 것이 바로 본성을 깨닫는 견성見性입니다. 마음의 자기지가 있기에 견성이 가능한 것이지요.[3] 이 자기지의 마음 자체가 번뇌 너머의 마음이므로, 그 마음(본성)을 깨닫는 견성 또한 마음속 번뇌와 상관없이 가능한 것입니

3 마음의 자기지는 본성으로서 존재론적 개념이고, 견성은 그 본성을 깨닫는 것으로서 수행론적 개념이다.

다. 마음에 쌓인 번뇌가 그 마음의 깨달음을 막지 못하는 것이지요. 혜능은 그렇게 마음의 자기지를 밝힘으로써 우리에게 견성이 무엇인지, 돈오가 무엇인지를 보여주고 있습니다. 마음에 쌓인 번뇌를 제거해나가는 것은 시간이 필요하지만, 그 바탕에 있는 마음 자체를 깨닫는 것, 자기 본성을 깨닫는 견성은 순간적으로 일어날 수 있습니다. 그래서 견성을 갑작스런 깨달음, 돈오 頓悟라고 하는 것입니다.[4]

반면 신수가 강조한 것은 마음의 때인 번뇌를 제거하는 것입니다. 지눌은 이것을 견성의 돈오 이후의 수행인 '오후수悟後修'라고 설명합니다. 번뇌가 있어도 견성이 가능하다는 것은 뒤집어 말하면 견성을 해도 번뇌는 남는다는 말이지요. 그러므로 견성을 했다고 끝이 아니고, 견성으로 확인한 그 본래 마음자리에 서서 그 위에 쌓인 번뇌들을 닦아나가는 것이 필

4 이 점에서 지눌의 '돈오점수 頓悟漸修'가 성립한다. 마음의 자기지가 있기에, 번뇌와 무관하게 청정한 본성의 깨달음인 견성이 가능한 것이다. 즉 상 相을 없애지 않고도 성 性을 자각할 수 있고, 마음의 번뇌상을 멸하지 않고도 무념·무생·무심의 성인 마음 자체를 깨달을 수 있는 것이다. 이 마음의 자기지가 바로 기신론이 말하는 '본각'이고, 지눌이 말하는 '공적영지'이다. 이러한 본각, 공적영지에 근거해서만, 번뇌의 상이 있어도 청정한 본성의 자각인 견성이 가능하다는 것을 이해할 수 있다. 지눌이 말하는 돈오 내지 견성은 바로 이 본각의 자각에 해당한다. 이 본각의 자각이 단순한 개념적 인식인 해오 解悟에 그치는 것이 아닌 것은 심층의 마음 자체를 스스로 깨닫는 것이기 때문이다. 견성에 대한 지눌과 성철 性徹의 입장 차이는 결국 공적영지를 인정하느냐 아니냐의 차이로 귀결된다고 본다. 혜능이 말한 견성의 핵심이 바로 신회 神會나 종밀 宗密이 강조한 마음의 자기지, 공적영지인데, 성철처럼 이것을 화엄의 사상이라고 배제해버리면, 결국 견성은 마음의 번뇌상을 모두 멸해야 비로소 가능하다고 주장하게 된다. 그런데 이것은 혜능이 아니라 신수의 주장이다. 혜능을 이은 임제종 臨濟宗 및 간화선의 핵심은 오히려 번뇌 속에서도 가능한 돈오, 견성이기 때문이다.

요합니다. 이전의 습習으로 남아 있던 번뇌들을 하나둘 닦아 나가는 수행이 필요한 것이지요. 번뇌를 제거하는 작업은 시간 안에서 진행되며, 따라서 이를 점진적 수행 점수漸修라고 합니다. 혜능이 말하는 견성(돈오)과 신수가 말하는 수행(점수)은 다음과 같이 정리될 수 있습니다.

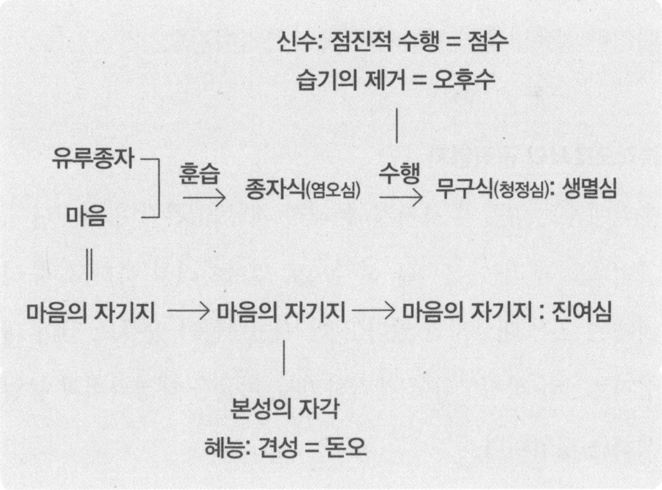

요점은 번뇌에 물든 범부의 아뢰야식도 그 자체는 청정한 무구식, 진여심이라는 것입니다. 우리에게도 그 청정한 마음을 직접 아는 마음의 자기지가 있는 것이지요. 이러한 마음의 자기자각성인 자기지가 있기에 우리는 자기 자신을 자신 안에 축적된 종자나 업력에 의해 완전하게 규정되거나 결정된 자

가 아니라는 느낌을 갖고 살아갑니다. 물론 우리 일상의 삶은 아뢰야식 내 종자로부터 형성된 유근신과 기세간, 근과 경에 매인 방식으로 유지되고, 그래서 습관처럼 아집과 법집을 갖고 살아가지만, 그럼에도 우리는 누구나 마음 깊은 곳에서 자신을 일체의 규정성, 업력의 규정성까지도 넘어선 존재, 근과 경의 매임을 넘어선 자유의 존재라고 직감하며 살아갑니다. 이러한 심층마음의 자기지가 바로 본각이지요.

본각으로서의 공적영지

우리에게는 마음의 자기지, 본래적 깨달음, 본각이 있습니다. 그런데도 우리는 본각을 본각으로 알아차리지 못하고, 우리에게는 오직 대상지만 있다고 여기는 경향이 있지요. 앎이 대상지로서만 성립한다고 생각하면서, 마음을 대상의식과 동일시하는 것입니다.

그렇게 우리는 일상적으로 마음을 대상의식과 동일시합니다. 대상의식이 아닌 마음은 없다고 여기는 것이지요. 따라서 마음이 마음으로 활동하려면, 즉 의식이 있으려면 그 의식에 주어지는 대상이 있어야 한다고 여깁니다. 알려지는 대상이 있어야 그 대상을 아는 의식활동이 있고, 알려지는 대상이 없으면 의식활동도 없다고 여기는 것이지요. 마치 '먹는다'가 성립하기 위해서는 밥이든 빵이든 먹히는 대상이 있어야 하고 먹히는 대상이 없으면 '안 먹는다'고 말하는 것처럼, 의식이 성립하려면 그 의식의 대상이 있어야 하고 대상이 없으면 의식활동도 없다고 여기는 것이지요. 이처럼 의식에는 의식대상이 반드시 함께한다는 것이 후설E. Husserl의 현상학에서 말하는 '의식의 지향성'입니다. 의식은 그것이 지향하는 의식대상을 통해 의식으로 성립하며, 따라서 의식 내지 마음은 곧 대상의식이라는 것입니다.

그러나 정말로 그럴까요? 대상이 없으면 정말로 의식활동도 없는 것일까요? 보이는 것이 없으면 우리는 정말로 보지 않고, 들리는 소리가 없으면 우리는 정말로 듣지 않는 것일까요? 깜깜한 암실에 있으면 우리는 눈을 떠도 눈을 감았을 때와 마찬가지로 보이는 것이 없으니, 즉 보이는 대상이 없으니, 보지 않는다고 생각하지요. 또 들리는 소리가 없으면 듣지 않는다고 생각하지요. 그러나 보이는 대상이 없으면 정말로 보지 않는 것일까요? 들리는 소리가 없으면 정말로 듣지 않는 것일까요? 그런데 정말로 보지 않는다면 보이는 것이 없음을 어떻게 알 수 있을까요? 정말로 듣지 않는다면 들리는 것이 없음을 어떻게 알 수 있을까요? 보니까 보이는 것이 없음을 알 수 있고, 들으니까 들리는 것이 없음을 알 수 있는 것이지요. 즉 우리에게는 대상과 더불어서 작동하는 대상의식 너머 대상이 없이도 작동하는 마음활동이 있는 것입니다. 대상의식보다 더 멀리, 더 깊이 나아가는 마음활동이 있는 것이지요. 그렇다면 대상의식보다 더 깊고 더 멀리 나아가는 마음의 활동이란 과연 어떤 것일까요?

보이는 것이 아무것도 없을 때, 보이는 일체의 대상이 모두 사라졌을 때, 우리는 그것을 '허공虛空'이라고 부릅니다. 들리는 것이 아무것도 없을 때, 들리는 일체의 대상이 사라졌을 때, 우리는 그것을 '적막寂寞'이라고 부릅니다. 이 허공의 '공'과 적막의 '적'을 합하여 공적空寂이라고 하지요. 대상의식보다 더 멀리 그리고 더 깊이 나아간 마음이 바로 그렇게 텅 비고 고요한 마음, 공적의 마음입니다. 그런데 마음은 이러한 공적의 상태에서도 잠들어 있지 않고 깨어 활동하지요. 그래서 보이는 대상, 들리는 대상이 없음도 알 수 있는 것입니다. 이렇게 대상이 없어도 잠들지 않고 깨어 있는 공적의 마음이 깨어서 신령하게 아는 것을 '신령하게 아는 지', 즉 영지靈知라고 합니다. 대상이 없는 텅 빈 마음인데도 신령하게 아는 것이지요. 무엇을 아는 것일까요? 바로 텅 빈 마음 자신을 아는 것입니다. 그렇게 마음은 이미 마음을 알고 있습니다. 텅 비고

(공) 고요한(적) 마음이 신령하게(영) 자신을 아는 지(지)가 바로 공적영지空寂靈知입니다. 중생 누구나 가지고 있는 심층마음의 자기지가 바로 공적영지인 것이지요.

지눌은 우리 안에 이미 공적영지가 있음을 강조하며, 바로 이 공적영지가 우리가 깨우쳐야 할 우리의 본래면목이고, 불교가 궁극적으로 전하고자 하는 핵심이라고 말합니다.

> 모든 법이 다 비어 고요한 곳(공적)에 신령한 앎(영지)이 있어 어둡지 않다. 그렇게 '텅 비어 고요하며 신령하게 아는'(공적영지) 마음이 바로 그대의 본래면목本來面目이며, 또한 삼세 모든 부처와 역대 조사와 천하 선지식이 은밀히 전수한 법인法印이다.
>
> 《수심결》

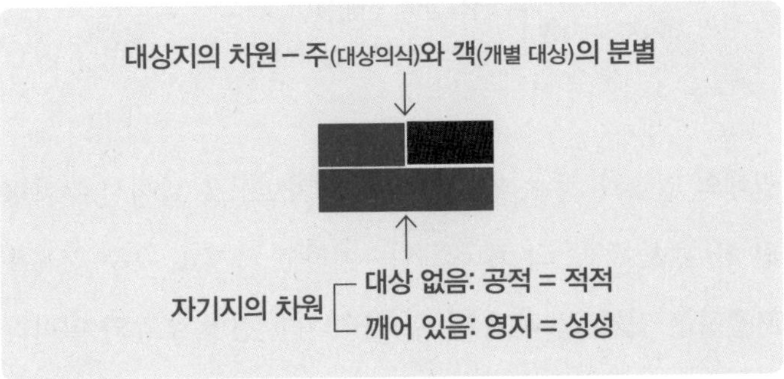

원효元曉는 마음의 자기지를 성자신해性自神解라고 부릅니다. 《대승기신론》의 일심一心을 설명하면서 원효가 사용한 개념이 바로 성자신해입니다.

> 무엇을 일심이라고 하는가? 염정染淨의 모든 법은 그 성이 둘이 없어 진망眞妄의 두 갈래가 다를 수 없기에 일一이라고 하고, 그 둘이 아닌 자리가 모든 법 중의 실實이면서 허공과 달리 '성이 스스로를 신묘하게 알기에'(성자신해) 심心이라고 한다.
>
> 《대승기신론소별기大乘起信論疏別記》

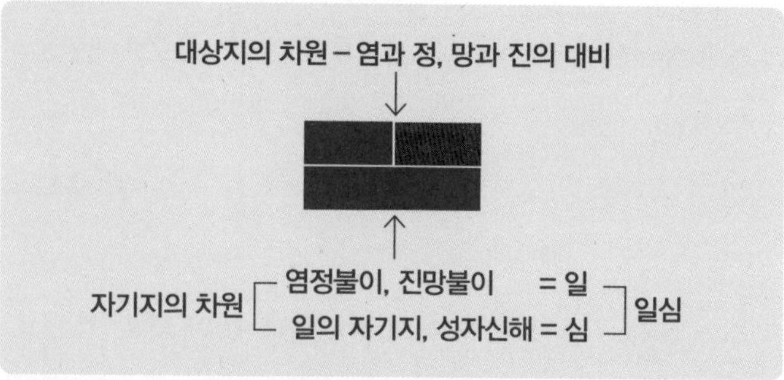

일체의 염染과 정淨, 진眞과 망妄의 차별상을 넘어선 무차별의 하나, 불이不二의 하나를 일一이라고 하지요. 우주 전체를 포괄하는 일자一者라고 할 수 있습니다. 진망 포괄의 일이라

고 하면, 우리는 일단 우주 전체를 모두 포괄하는 빈 공간, 허공을 떠올릴 수 있겠지요. 그런데 그 일이 추상적인 공간과는 달리 스스로를 신묘하게 알기에 심心이라고 하는 것입니다. 그래서 일심一心이라는 것이지요. 결국 일자가 심인 이유는 그 일자의 성이(성) 스스로를(자) 신묘하게(신) 아는(해) 성자신해가 있기 때문입니다. 불이의 하나인 마음이 자기 자신을 아는 지, 일자의 자기지를 '성자신해'라고 한 것이지요. 지눌의 '공적영지'는 바로 이러한 원효의 '성자신해'를 계승한 것입니다.

성자신해나 공적영지는 모두 심층마음의 자기지를 의미합니다. 이것이 바로《대승기신론》에서 말하는 '본래적 각성', 즉 본각이지요.

> 각覺은 마음 자체가 생각을 떠나 있음을 뜻한다. 생각을 떠난 모습은 허공계와 같아 두루하지 않은 곳이 없어 법계의 한 모습이니, 이것이 곧 여래의 평등법신이다. 이 법신으로부터 '본래적 각성(본각)'이 있다.
>
> 《대승기신론》

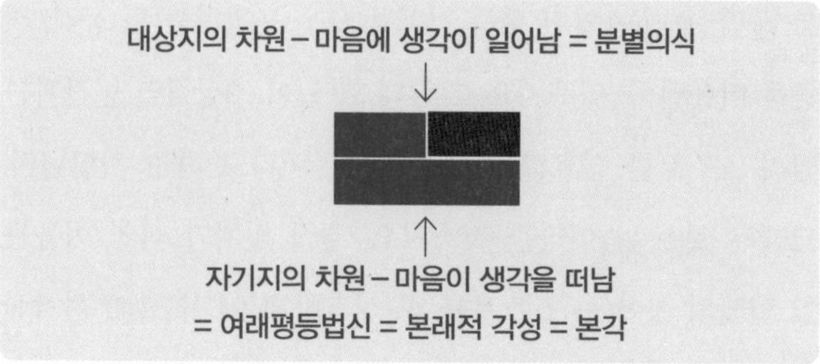

일체의 생각을 떠났다는 것은 마음에 일체 대상이 남아 있지 않은 텅 빈 마음, 공적의 마음이라는 것입니다. 허공과 같이 두루하되 일체의 차별상을 떠난 공적의 마음을 여래의 '평등법신'이라고 하는 것이지요. 이 텅 빈 마음의 자기지가 바로 마음의 본래적 각성인 본각인 것입니다. 이 본각을 원효는 '성자신해'라고 부르고, 지눌은 '공적영지'라고 부른 것이지요.

우리는 왜 마음을 알지 못할까

자기지의 본각이 있음에도 우리는 일상적으로 이러한 본각을 잘 의식하지 못합니다. 우리는 왜 마음의 본각을 잘 알지 못할까요? 왜 마음의 자기지가 있어 마음을 알면서도, 마음이 그렇게 마음을 안다는 것을 잘 모를까요? 왜 불각不覺이 되는 것일까요?

일체유심조가 말해주듯 심층마음인 아뢰야식은 나와 세계, 유근신과 기세간, 한마디로 세계 전체를 만드는 식識입니다. 말하자면 아뢰야식은 세계 전체를 포괄하는 마음이기에 그 바깥이 없는 무외無外의 마음, 한계가 없는 무한無限의 마음입니다. 아뢰야식이 무한·무외의 마음이라는 것은 곧 우리가 그 마음 바깥으로 나가본 적이 없다는 것을 말해주지요. 마음은 우리가 아는 전체이고, 우리는 그 마음 바깥으로 나가본 적이 없습니다. 나가본 적이 없기에, 우리에게 전체이기에, 우리는 그 마음을 마음으로 알아차리기가 어려운 것입니다. 그래서 우리는 곧잘 마음을 알 수 없는 것이라고 생각하게 됩니다.

그러나 전체로서의 마음은 우리가 정말 알 수 없는 것일까요? 자기 바깥이 없는 무외의 마음은 우리가 알 수 없는 것일까요? 이 물음의 답을 찾기 위해 이런 생각을 해봅니다. 언제나 물 안에 살면서 한 번도 물 밖에 나가본 적이 없는 물고기와 물 밖에서 공중을 나는 새, 과연 누가 물을 더 잘 알까요? 단순하게 생각하면 항상 물속에 사는 물고기가 물을 더 잘 알 것 같지요.

그러나 우리의 일상의식의 인식방식에 따르면, 물을 아는 것은 물고기가 아니라 오히려 새입니다. 왜 그럴까요? 앞의 '연기의 세계'에서 설명했듯이, 우리가 어떤 것(a)을 인식하는 방식은 그것(a)을 그것 아닌 것(~a)과 대비해서입니다. 누군가 어떤 물건을 눈에 바짝 들이대면, 우리는 그것이 무엇인지를 알아보기 위해 멀리 밀게 되지요. 그것(a)의 경계선이 나타나기까지 미는 것입니다. 경계선은 그것(a)과 그것 아닌 것(~a) 사이의 경계선으로 존재합니다. 그러니까 그것(a)을 안다는 것은 곧 그것(a)과 그것 아닌 것(~a)의 대비를 통해 안다는 것이지요. 즉 그것(a)을 그것 아닌 것(~a)이 아닌 것으로 아는 것입니다. 밝음을 아는 것은 그것을 어둠이 아닌 것으로 아는 것이고, 기쁨을 아는 것은 그것을 슬픔이 아닌 것으로 아는 것이지요. 그렇게 그것(a)을 알기 위해서는 그것 아닌 것(~a)을 함께 알아야 합니다. 그러니까 물을 알려면 물 아닌 것을 알아야 하겠지요. 그런데 물고기는 항상 물 안에만 있고 물 밖으로 나가본 적이 없으니까, 즉 물고기에게 물은 그 바깥으로 나가볼 수 없는 전체이니까, 물고기는 결국 물을 알지 못한다는 말이 됩니다. 이처럼 우리의 일상적 대상의식의 방식에 따르면, 물고기는 물을 모르는 것이 됩니다.

이 경우 물고기가 물을 알려면 물 아닌 것을 알아야 합니다. 즉 물 밖으로 나가봐야 하지요. 그런데 물고기에게 전체인 물 밖으로 나간 물고기는 어떻게 될까요? 물 밖으로 나간 물고기는 곧 죽을 것입니다. 물을 알기 위해 물 밖으로 나가봐야 한다는 것은 말하자면, 삶을 알기 위해서는 삶 바깥으로, 죽음으로 나가봐야 한다는 것과 같은 말이지요. 그래서 플라톤은 '철학은 죽음의 연습'이라고 말했습니다.

그런데 물고기가 물 안에서 정말 물을 몰랐을까요? 물을 알기 위해 물고기는 정말로 물 밖으로 나가봐야 하는 것일까요? 물 바깥에서 물 아님을 앎으로써만 물을 알게 되는 것일까요? 그렇다면 이제 물 밖으로 나간 물고기가 물 밖에서 물 아님을 어떻게 알게 되는지를 생각해봅시다. 앞의 논리대로라면, 물 아님을 알기 위해서는 물 아님의 부정, 즉 물을 알아야 합니다. 물 밖에서 물 아님을 알려면 물을 알아야 한다는 말이지요. 그런데 물 밖으로 나간 물고기가 물 밖에서 물을 알 수 있을까요? 알아야 할 대상인 물이 물 바깥에는 있지 않으니, 물 밖에서는 물을 알 수는 없고, 안다면 물 안에서 알아야 하겠지요. 결국 물고기가 물 밖에서 물 아님을 알 수 있다면, 그것은 물고기가 이미 물을 알고 있어야 한다는 말이 됩니다. 물 안에서 이미 물을 아니까 물 밖으로 나갔을 때 물 아님을 알 수 있는 것입니다. 물 밖에서 비로소 알게 되는 것은 그동안 모르던 물이 아닙니다. 물고기는 물 안에서 이미 물을 알고 있었고, 다만 자신이 그렇게 물을 안다는 사실을 몰랐던 것일 뿐입니다. 그렇게 물고기가 물 안에서 이미 물을 알듯이, 우리는 전체로서의 자기 마음을 이미 알고 있습니다. 전체로서의 마음을 이미 아는 지知가 바로 마음의 자기지이지요. 우리에게 자기지가 있는데도, 우리는 그런 자기지가 있다는 사실을 모르고 있을 뿐입니다.

마음의 자기지가 있다는 것은 우리에게 마음의 본래적 각성,

본각이 있다는 말이지요. 우리가 우리 마음을 이미 알고 있다는 것입니다. 그런데도 우리는 그 마음 바깥에 나아가본 적이 없기 때문에, 우리가 그 마음을 안다는 사실, 우리에게 자기지인 본각이 있다는 사실을 알지 못하는 것입니다. 그것이 불각不覺입니다. 그러니까 우리가 본각이 있음을 알아차리지 못하는 것은 우리에게 본각이 없어서가 아니라, 오히려 우리에게 본각이 없던 적이 없어서, 우리에게 본각이 언제나 함께하기에 그런 것입니다.

본각이면서도 불각이라는 것은 우리가 이미 알면서도 안다는 사실을 모른다는 말입니다. 그런데 그런 일이 정말 가능할까요? 알면서도 안다는 사실을 모를 수 있을까요? 그렇습니다. 알면서도 그 안다는 사실을 모르는 경우가 있지요. '부모님의 사랑은 부모님이 돌아가셔야 안다'는 말이 있습니다. 부모님의 사랑이 계속되고 있으면, 그 사랑의 영역 바깥으로 나가본 적이 없으니 그것이 없지 않고 있다는 것을 알지 못한다는 말이지요. 부모님이 돌아가셔서 그 사랑이 끝나야지 비로소 알게 된다는 것입니다. 그러나 부모님의 사랑을 받아 그 사랑을 알고 있어야지, 그 사랑이 끝났을 때 그것이 끝났음을 알 수 있지 않을까요? 부모님의 사랑을 받아 그 사랑을 알고 있되,

다만 자신이 그 사랑을 알고 있다는 그 사실을 모르는 것일 뿐이지요.

또 다른 예를 들어봅시다. 시끄럽게 돌아가는 냉장고가 있는 방에 계속 앉아 있다 보면 그 소리를 의식하지 못하게 되지요. 그러다가 그 소리가 그칠 때에야 비로소 우리는 그곳이 시끄러웠음을 알게 됩니다. 그렇다면 소리가 그치기 전에는 그 소리를 들었던 것일까요, 아닐까요? 소리를 듣지 않았다면, 들리지 않던 소리가 그치는 것을 어떻게 알 수 있었을까요? 반대로 들었다면, 들었는데 왜 소리가 있다는 것을 알지 못했을까요? 소리가 그칠 때 그 그침을 알아차린다는 것은 그치기 전에도 이미 그 소리를 듣고 있었다는 말이지요. 다만 듣기는 듣는데, 그 들음을 의식하지 못한 것입니다. 즉 듣기는 듣는데, 듣는다는 것을 알지 못한 것이지요. 이와 마찬가지로 우리에게 자기지인 본각이 있는데, 우리는 그 본각이 있음을 쉽게 알지 못하는 것입니다. 그래서 그 자기지인 본각을 알아차리는 수행, 즉 자신의 본성을 깨닫는 견성이 요구되는 것이지요.

본각 내지 본성을 깨닫는 견성은 본성에 대한 반성적 사유나 개념적 분석과는 다릅니다. 자기지의 깨달음은 대상화를 통해서가 아니라, 그 자기지의 마음자리로 들어섬으로써, 즉 계합契合함으로써 비로소 얻어지는 것입니다. 자기지 내지 본각을 깨닫겠다고 자기 마음을 대상화해서 인식하려고 하면, 오히려 자기지는 가려지고 대상지만 부각되지요. 지눌은 그러한 대상화의 오류를 《수심결》에서 다음과 같이 지적합니다.

> 눈이 세계를 보는데 눈 자신은 보지 못한다고, 자기 눈을 빼어서 보려고 하면 어리석지 않겠는가. 눈은 그런 식으로 볼 수 없다는 것을 알면, 그것이 곧 눈을 보는 것이다.
>
> 《수심결》

눈은 대상화해서 바라봄으로써 알려지는 것이 아니라, 깨어 있는 눈의 활동을 스스로 자각함으로써 아는 것입니다. 눈의 본래 자리, 마음의 본래 자리에서 성성하게 깨어 있음으로써 눈 자체의 활동을 스스로 알게 되는 것이지요.

《능엄경》도 마음을 대상화함으로써 생겨나는 혼동을 다음과 같이 언급합니다.

실라벌성의 연야달다는 어느 날 새벽 거울로 얼굴을 비추다가, 거울 속 얼굴에는 눈썹과 눈을 볼 수 있지만 자기 머리에서는 얼굴과 눈을 보지 못함에, 자신을 얼굴 없는 도깨비로 여겨 미쳐 달아났다고 한다. 연야달다의 광기에도 광기로부터 벗어남에도 특별한 이유는 없다. 얼굴은 항상 거기 그대로 있었고 잠시도 없었던 적이 없기 때문이다.

《능엄경》

눈(얼굴) 있음: 본각이 있음

눈(얼굴)이 없다고 생각: 불각 = 대상화해서 보려 함

연야달다는 보는 눈(얼굴)이 있음을 자기지로 이미 알고 있으면서도 그것을 다시 대상화해서 보려고 하였습니다. 그런데 그렇게는 보이지 않으니까 얼굴이 없다고 생각하면서 미쳐버린 것이지요. 없다고 생각하여 미쳐버렸지만, 사실은 있었던 것이고 또 있다는 것을 이미 알고 있었던 것입니다. 모른다고 괴로워하지만, 사실은 알고 있다는 말이지요. 눈(얼굴)이 있다는 것은 본각이 있다는 말이고, 그런데도 눈(얼굴)이 없다고 생각한 것은 본각이 없다고 생각한 것, 즉 불각이라는 말입니다. 이처럼 본각(자기지)이 있어 스스로를 알면서도 스스로를 모른다고 생각하는 것이 불각입니다. 단박에 아는 마음의 자기지가 있음에도 그 마음을 다시 대상화하여 대상지의 방식으로 알려고 하기에 스스로 자기지를 놓쳐버리는 불각에 빠지는 것입니다.

하나의 운명공동체

중생에게 마음의 자기지, 본각이 있다는 말은 곧 중생이 본래 부처라는 말입니다. 부처는 산스크리트어 붓다buddha의 음역으로, 깨달은 자, 각자覺者라는 뜻이지요. 인간의 본성은 본래 깨달음의 성품으로서 곧 본각이고, 그래서 본래 부처라고 하는 것입니다. 이처럼 대승은 우리가 수행을 통해서 비로소 부처가 되는 것이 아니라고 말합니다. 인간은 이미 누구나 본래 깨달음을 가진 자, 본각이 있는 자, 본래 부처라는 말이지요. 다만 그 사실을 모를 뿐이라는 것입니다. 자신 안에 엄청난 보물이 있는데도, 그것을 알아차리지 못하고 사는 것이지요. 그럼에도 중생에게는 본각이 있기에 '중생즉부처'가 성립합니다. 다만 중생은 자신이 부처라는 사실을 모르는 자이고, 부처는 자신이 부처임을 아는 자라는 차이가 있을 뿐이지요.

중생	부처
자신이 부처임을 모름: 무명	자신이 부처임을 앎: 명
본각이 있다는 것을 모름: 불각	본각이 있음을 앎
마음의 본래 자리를 벗어남: 윤회	마음의 본래 자리에 있음: 해탈

모든 인간에게 본래적 각성인 본각, 공적영지가 있다는 사실이 말해주는 윤리적 함의는 무엇일까요? 앞에서 말한 것처럼, 인간에게 마음 안에 쌓인 번뇌, 번뇌종자, 유루종자와 구분되는 마음 자체가 있다는 것, 그리고 그 마음 자체의 자기지, 공적영지가 있다는 것은 곧 우리의 마음 안에 아무리 많은 번뇌가 쌓여 있어도 우리의 마음 깊은 곳에는 언제나 부처의 마음, 청정한 무구식이 빛나고 있다는 것을 말해줍니다. 번뇌망상으로 인해 우리의 삶이 아무리 초라한 모습을 보인다고 해도 우리의 마음 자체는 청정무구하며, 우리는 이미 그 마음을 알고 있다는 것입니다. 그 마음이 소위 진심, 본심, 양심인 것이지요. 남의 고통을 외면하지 못하여 차마 어찌지 못하는 마음인 맹자孟子의 '불인지심不忍之心', 그리고 상대의 관점에서 생각해보는 '역지사지易地思之'의 원리는 모두 이 본심과 양심에 입각한 윤리입니다. 칸트가 도덕법칙의 기준으로 제시한

'보편화가능성의 원리'[1]도 마찬가지입니다. 인간이 인간 자신에 의해 제약된 일체 현상세계를 넘어선 존재라는 것, 현상의 인과필연성을 넘어선 자유의 존재라는 것, 업과 연기의 생멸문을 넘어선 진여문의 일심이라는 것을 깨닫게 하는 것이 바로 이 진심과 양심입니다. 이 공적영지에 입각해서 우리는 인간이 표층에서는 서로 달라도 심층에서는 우리가 모두 하나라는 것, 공통의 기세간에 함께 거주하는 하나의 운명공동체라는 것을 알게 되지요. 이로부터 보편성의 윤리, 일심의 윤리, 자유의 윤리가 전개될 수 있는 것입니다.

인간의 보편성, 내적 초월성, 일심을 말한다고 해서 인간의 표층적 차이를 간과하는 것은 아닙니다. 인간의 마음을 공적영지의 텅 빈 마음으로 확인하는 것은, 결국 그 텅 빈 마음 안에 일체중생의 다양한 삶을 그 번뇌의 모습 그대로 수용하고 포용하기 위한 것이지요. 대승의 보살정신은 표층에 드러나는 중생의 무한한 다양성과 차이를 심층 일심의 자기전개로 포용하는 것입니다. 표층에서 심층으로 나아가며 확인한 공여래장이, 결국은 표층의 일체 현상을 산출하는 불공여래장이

1 내가 채택하는 행위규칙(준칙)을 모든 인간이 보편적으로 채택해도 문제가 없을 만큼 그렇게 보편화 가능한 규칙만을 도덕법칙으로 간주한다는 것이 보편화가능성의 원리이다.

라는 것을 알기 때문입니다. 그러므로 '중생즉부처' '번뇌즉보리'에 입각하여 진과 속, 성과 범이 둘이 아니라는 불이의 윤리를 실현하게 되는 것입니다.

공적영지의 마음은 보이는 것 없고 들리는 것 없는 텅 빈 마음의 자기자각입니다. 자신을 텅 빈 공적의 마음으로 아는 것이지요. 아무것도 그려지지 않은 빈 종이처럼 마음이 텅 빈 마음이 되면, 그 마음은 그 안에 모든 것을 담을 수 있게 됩니다. 텅 빈 마음은 그 안에 아무것도 걸릴 것이 없는 마음, 장애가 없는 마음, 무애無碍의 마음이지요. 우리의 마음은 본래 무애의 마음입니다. 본래 텅 빈 마음이기에 거기에는 너와 나를 나누는 벽, 너와 나의 공명과 소통을 가로막는 장벽이 세워져 있지 않지요. 그러므로 텅 빈 마음이 되면, 우리는 누구와도 소통할 수 있고, 누구와도 하나로 공명하고 공감할 수 있습니다. 그때에는 너의 아픔이 곧 나의 아픔이고, 너의 기쁨이 곧 나의 기쁨이 되겠지요. 이처럼 마음을 비움으로써 비로소 우리는 자비의 윤리를 실현하게 됩니다.

우리는 우리 마음 깊은 곳에서 우리가 본래 현상 너머의 자유의 존재이고, 불이의 존재이며, 자비의 존재라는 것을 이미 알고 있지 않을까요? 우리는 심층마음의 자기자각성, 본각, 공적영지를 통해 우리가 본래 부처라는 것을 이미 알고 있는 것이 아닐까요? 본래 부처인데 그것이 객진번뇌로 가려져서 실현되고 있지 않기에, 그 본래 부처의 성품이 드러나지 않기에, 우리가 괴롭고 슬픈 것이 아닐까요? 본래 부처니까 부처가 되려고 하지, 본래 부처가 아니라면 우리가 왜 굳이 부처가 되려고 하겠습니까? 또 본래 부처라는 것을 아니까 부처가 되려고 하지, 본래 부처라는 것을 모른다면 우리가 어떻게 부처가 되려고 하겠습니까?

별은 항상 빛나고 있다

이 책에서는 공空과 연기緣起를 통해 불교의 세계관을 밝히고, 이어 불교 수행修行이 지향하는 해탈한 마음, 부처의 마음을 살펴본 후, 모든 인간에 내재된 그 마음을 일체유심조一切唯心造의 마음, 공적영지空寂靈知의 마음으로 해명하였다. 그래서 책 전체가 '공' '연기' '수행' '일체유심조' '공적영지'를 설명하는 다섯 장으로 되어 있다. 공과 연기는 무아無我를 설하는 초기불교의 핵심개념이고, 일체유심조와 공적영지는 일심一心과 본각本覺을 설하는 대승불교의 핵심개념이다. 이들이 수행을 매개로 하나의 불교를 이루고 있음을 말하고자 하였다.

유행처럼 번지고 있는 '비판불교'를 의식했기 때문일까? 나는 초기불교의 무아와 공 그리고 연기가 어떻게 대승불교의 일심과 본각으로 연결되는지를 밝혀보고 싶었다. 한마디로 무아와 일심이 상충하는 것이 아니라, 동전의 양면처럼 서로 가려진 이면으로서 서로를 완결하는 사상이라는 것을 밝히고 싶었다. 연기적 현상에 가려진 이면인 일심을 나는 표층의식에 가려진 '심층마음'이라고 칭하고, 갖가지 그림으로 가려진 '빈 종이'에 비유하기도 하였다. 동전을 뒤집듯 현상을 뒤집어 보거나 꿰뚫어 보지 않는 한, 우리는 동전의 뒷면, 현상의 이면, 그림의 바탕, 심층마음에 이르지 못한다. 내가 심층마음과 그 심층마음의 본래적 각성, 공적영지를 강조하는 것은 오직 그곳에서만 모든 인간의 현상적 차별상을 넘어선 절대평등성을 확인할 수 있기 때문이다. 그곳이 바로 공의 자리, 마음의 본래자리이다.

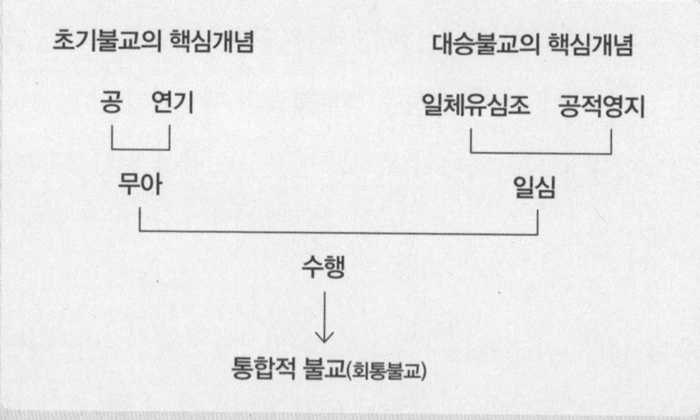

나는 심층마음의 본래자리는 표층의식의 분별과 분열이 고요해진 바로 그 자리라고 생각한다. 지리산 깊은 산속에서 쏟아질 듯 보이는 밤하늘 별들이 서울 한복판 밤하늘에서는 하나도 보이지 않는 것은 서울 하늘 위에 별이 없기 때문이 아니다. 도시의 불빛, 우리가 켜놓은 전깃불이 밤하늘의 별빛을 가리기 때문이다. 전깃불은 가까이에서 내가 보고자 하는 것은 잘 보게 하지만, 그 대가로 아주 멀리 있고 언제나 거기 있는 것, 매우 아름답고 멋진 별은 보지 못하게 만든다. 그런 식으로 표층의 분별의식은 내가 가까이 주목해서 알고자 하는 것은 알게 하지만, 결국 그보다 더 심층에 있고 언제나 거기 있는 것, 맑고 밝은 본래마음을 가려서 알아보지 못하게 만든다. 그러나 우리의 표층의식이 알아보지 못하는 그 순간에도 우리의 심층마음은 언제나 그 자리에서 그 자신의 빛으로 세상을 밝히며 깨어 있다. 누구나 자기 내면의 보물, 마음의 본래자리에 이르러 조금은 더 평안하고 조금은 더 행복해지기를 기원해본다.

찾아보기

자료 출처

21쪽: 〈토끼와 오리〉

Joseph Jastrow's "Kaninchen und Ente", 《Fliegende Blätter》, 1892. 10. 23.

30쪽: 〈루빈의 꽃병〉

Edgar Rubin's "Rubin's Vase", 《Synsoplevede Figurer》, 1915.

32쪽: 〈천국과 지옥〉

M.C. Escher's "Circle Limit IV" © 2020 The M.C. Escher Company-The Netherlands. All rights reserved. www.mcescher.com

40쪽: 〈스피닝 댄서〉

Nobuyuki Kayahara's "Silhouette Illusion", Procreo Flash Design Laboratory. www.procreo.jp